ファーストコールカンパニーシリーズ

ホールディング経営はなぜ事業承継の最強メソッドなのか

中須 悟 著
タナベコンサルティング 執行役員
＋
タナベコンサルティング ホールディング経営コンサルティングチーム 編

ダイヤモンド社

はじめに

〝メリット・デメリット思考〟では決断できない

本書は、「事業承継におけるホールディング経営とは何か」を解き明かそうとするものである。

過日、ある事業承継セミナーで、中堅企業グループの創業者である社長が「ホールディング経営」のテーマで講演した。同社は、高級老人ホームなどの介護事業を軸に、海外事業、リゾート施設経営などを多角的に展開している。

セミナーに集まったのは中堅・中小企業のオーナー経営者がほとんど。同社長の講話は創業時の熱い理念に始まり、ダイナミックな投資と事業展開、そして将来の夢やロマン溢れるビジョンと続く。受講者はその力強くユーモアに富んだ話しぶりに聞き入っていたが、肝心の「ホールディング経営」についての実務的な内容に乏しかったため、少し物足りなさが残ったかもしれない。

講話後の質疑応答タイムで、受講者の一人からこんな質問が出た。

「ホールディング経営のデメリットは何ですか？」

社長は少しいぶかし気な表情をしたが、すぐに真顔に戻り、こう言い切った。

「デメリットなどというものはない。あるとしたら、それは、目的を達成するためのプロセスだ」

その瞬間、少し空気が引き締まった気がした。質問者も二の句が継げず、礼を言って着席するしかなかった。

筆者は、主に事業承継コンサルティングを専門としている。その過程で、最近特にニーズが高まってきたホールディング経営体制づくりについても数多く関わってきた。そういうコンサルティングを行っていると、クライアント企業の経営者から宿命的に聞かれることがある。

「そのスキームのメリット・デメリットは何か？」

というものである。しかしながら、結論をいうと「メリット・デメリットに固執していると大局を見失い、ついに意思決定をしない、あるいはできない」という状態になる場合がほとんどである。ホールディング経営体制づくりも含め、大きなスキームを意思決定する経営者に共通するのは、〝理念の強さ〟だ。「社会に貢献したい、社員を成長させたい」という大義を実現するスキームとして取り組むのである。メリット・デメリットなどを具体的に検証する前に、もう肚《はら》は決まっているのだ。その社長の言葉を聞いてそんなふうに感じたのである。

事業承継を機にホールディング経営（**図表1**）へ移行する企業は多い。だが一方で、世に出回っているホールディング経営のスキームは、相続税対策の一環として取り組まれているもの

図表1　ホールディング経営モデルの全体像

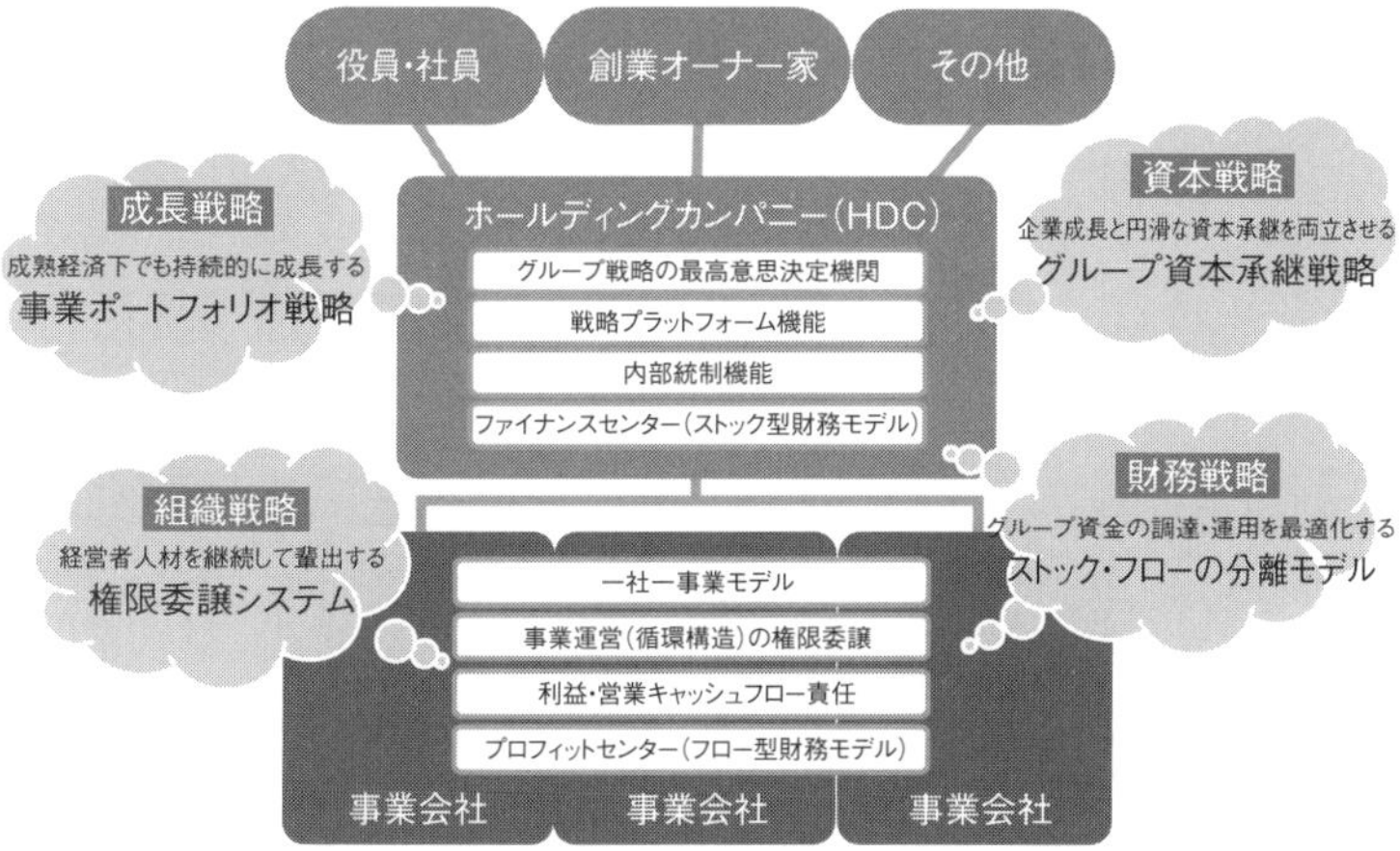

も少なくない。あたかも相続税対策が事業承継の目的であるといわんばかりの提案書を、私も数多く見てきた。

ある経営者が事業承継スキームの提案を受けたときのこと。提案内容は、その経営者が社長を務める株価の高い親会社と、弟が経営する株価の低い子会社に対し、株式交換の手法を使って親子関係を逆転させようとするものであった。そうすれば株価が劇的に下がるという。プレゼンを担当した営業担当者は真剣である。だがその経営者は冷静に、

「おたくらは経営のことが分かっていないようだ。提案を持って帰ってくれ」

と拒絶した。しかし営業担当者はなおも食い下がる。

「でも社長、今やらないと損しますよ」

「……君は俺がそんな（損得で判断するような）男に見えるのか！」

その経営者はついに声を荒げてしまった。

事業承継の難しさは、一人の経営者がほとんどの場合たった一回しか経験しないことであるにもかかわらず、経営における最も重要な決断を迫られるところにある。決断というのは、その経営者がそれまでに経験してきたことの蓄積により形成される価値判断基準に拠るところが大きい。しかしながら、こと事業承継に関してはまったく経験値がない。必然的に社外のアドバイザーに意見を求めるところとなるが、そのアドバイザー選びを間違えると、右のようなことにもなりかねないのである。

事業承継の目的は**「企業を長期的に存続させること」**にある。そして存続するためには、持続的に成長させていかなければならない。それを前提に、顧客や社員、取引先、地域社会など企業を支えるステークホルダー（利害関係者）に対し、バランスよく企業価値を還元しながら舵取りをしていく必要がある。相続税対策やその手段である自社株対策などは、株主、つまりオーナー経営者のみがメリットを得る対策であり、当然事業承継の主目的にはなり得ない。

本書は、そんな悩ましい事業承継問題に一つの道筋をつけることを目的としている。そして、その手段として「ホールディング経営」というモデルを選んだ。**ホールディング経営とは、企業グループを統括する持ち株会社とその傘下に並ぶ複数の事業会社により構成される経営スタ**

イルのことをいう。そのスタイルが、なぜ事業承継スキームとして有効なのか。また今の時代、あるいはこれからの時代になぜマッチするのか。そして経営者としてどう振る舞っていくべきなのか。理論と事例を織り交ぜながら多角的に解き明かしていきたい。

もっとも、「すべての企業がホールディング経営を選択すべき」などと主張するものではない。ホールディング経営はある一定の条件においてマッチする経営スキームであり、その条件が現在における多くの企業に適合するものと筆者は考えている。本書はそれらの企業にフォーカスしながらも、その判断基準の本質に迫り、あまねく経営の将来のあるべき姿について示唆を与えようとしている。そういう意味ではホールディング経営を目指す企業にとっても、そうでない企業にとっても有意であると自負している。

最後までお読みいただいたとき、複雑で悩ましい事業承継の諸問題が体系的につながり、一筋の光明が見えてくれれば、それが本懐である。

二〇二四年一月

タナベコンサルティング執行役員　中須 悟

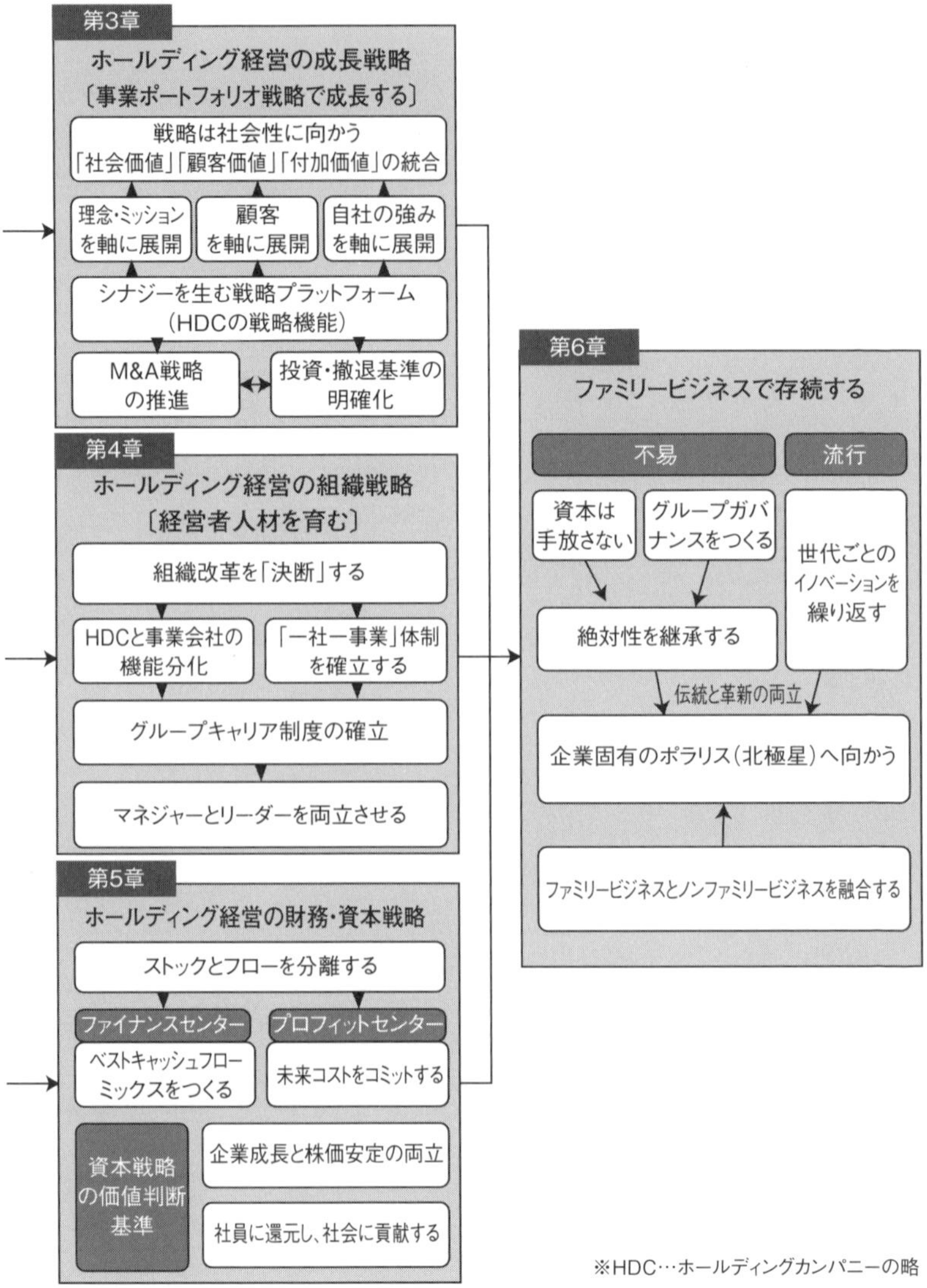

※HDC…ホールディングカンパニーの略

本書の全体体系図

第1章

なぜホールディング経営が選ばれるのか?
〔ホールディング経営が増加している背景〕

- 団塊世代からジュニア世代への世代交代による価値観の多様化
- 親族間承継から社員や第三者承継へと多様化する後継者選び
- ビジネスモデルが陳腐化しており、ポートフォリオで成長する必要性が高まる
- 組織がさらに成長するためには経営者人材の育成と権限委譲システムが必要
- 会社法や税制改正により組織再編のコスト負担が少なくなっている

→ 事業承継を機としたホールディング経営へのモデルチェンジ

↓

第2章

矛盾をマネジメントするホールディング経営
〔ホールディング経営のコンセプト〕

静 一貫した理念を受け継ぎながら、環境適応のスピード経営を実現する不易流行体制

動 「建て増し可能」な戦略モデル ～将来にわたる持続的成長をコミットする～

5つの原理原則

- グループ全体の理念や基本方針を明文化し、それに基づいたガバナンス体制を構築する
- ホールディングカンパニーは“手を離して、目を離さない”経営に徹し、事業活動の負担を背負わない
- 「一社一事業」の原則を貫き、シンプルで分かりやすいマーケット直結の収益構造とする
- 新たな事業経営者には過去の経営成績に対する責任・リスクを負わせない
- 的確な価値判断で意思決定できる事業会社の経営者を多く育成し、可能な限りの権限委譲を行う

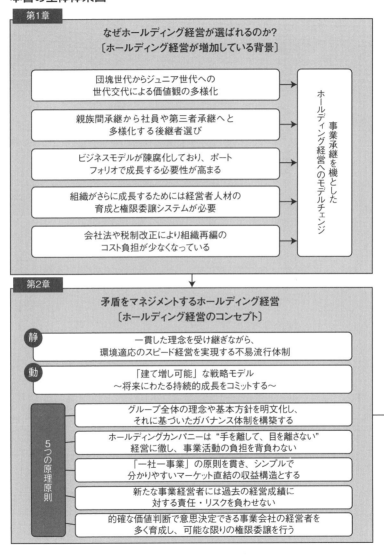

はじめに　〝メリット・デメリット思考〟では決断できない　1

第1章　なぜホールディング経営が選ばれるのか？

第2章　矛盾をマネジメントするホールディング経営

第3章 軸を据えポートフォリオで成長する
――グループ経営の成長戦略

第4章 経営者人材を育むためのグループ組織改革

第5章 ホールディング経営における財務・資本モデル

第6章 今、見直されるファミリービジネス

第1章

なぜホールディング経営が選ばれるのか？

1 団塊世代からジュニア世代へ——ピークを迎える事業承継

「六〇歳を超えたら、経営者は次の世代にバトンタッチすべきだ」

ある中堅ハウスビルダーの創業社長（六一歳）が自らに言い聞かせるように話す。

顧客層が世代交代しているのに、経営者が古い価値観のままでは、多様化しながら絶えず変化するニーズにキャッチアップできない、というのである。メールやSNSで顧客とコミュニケーションを取る若い営業社員に対し、「営業とは、顧客と直に会って対話するものだ」などと古い考え方を一方的に押しつけるようでは、今の時代に経営者は務まらない。確かにその通りかもしれない、と筆者も思う。

この会社は創業して二〇年余りだが、顧客と真摯に向き合う経営で信頼を獲得。年商も五〇億円を超える規模に成長した。今後は、厳しいマーケットで生き残るためにも地域ナンバーワンのポジションを目指すという。そして、その主役を創業世代ではなく、主に四〇代のリーダーを中心とした後継者世代に託そうとしている。理由は右に述べた通りだ。そして、この会社もホールディング経営を目指している。創業者に子息はいるが後継者としては定めず、所有と経営を分離して社員から社長を選び、事業経営を任せていこうという考えである。

◇

還暦を過ぎたら「後継者を誰にすべきか」と考え始めるのは自然な成り行きであろう。しかしながら、現代の日本には後継者が不足している現実があり、多くの経営者が頭を悩ませている。経済紙も、「後継者不足で大廃業時代が訪れる」と警鐘を鳴らす。そして東京・大田区や東大阪市の製造業者などが引き合いに出され、「技術承継を急がなければ、モノづくり大国日本の未来は暗い」と問題提起する。経済産業省の推計によれば、二〇二五年には一二〇万社以上が後継者不在の状態になるのだという。事業承継は、もはや一企業やオーナー経営者個人レベルの問題ではなく、転換期にある日本経済の行く末を左右する大きなファクターになっているといえるのだ。

後継者不足はオーナー経営の事業承継を先送りさせ、経営者自身が高齢化するという問題につながる。コトはより深刻化するのだ。先の経済産業省の試算では二〇二五年に六割以上の経営者が七〇歳を超えるという見通しである。また、中小企業庁の「中小企業の事業承継に関するアンケート調査」（二〇一二年）の結果を見ても、経営者の平均引退年齢は明らかに高くなっている。データでは三〇年以上前の平均引退年齢が六〇代前半であったのに対し、近年は六〇

図表2　規模別・事業承継時期別の経営者の平均引退年齢の推移

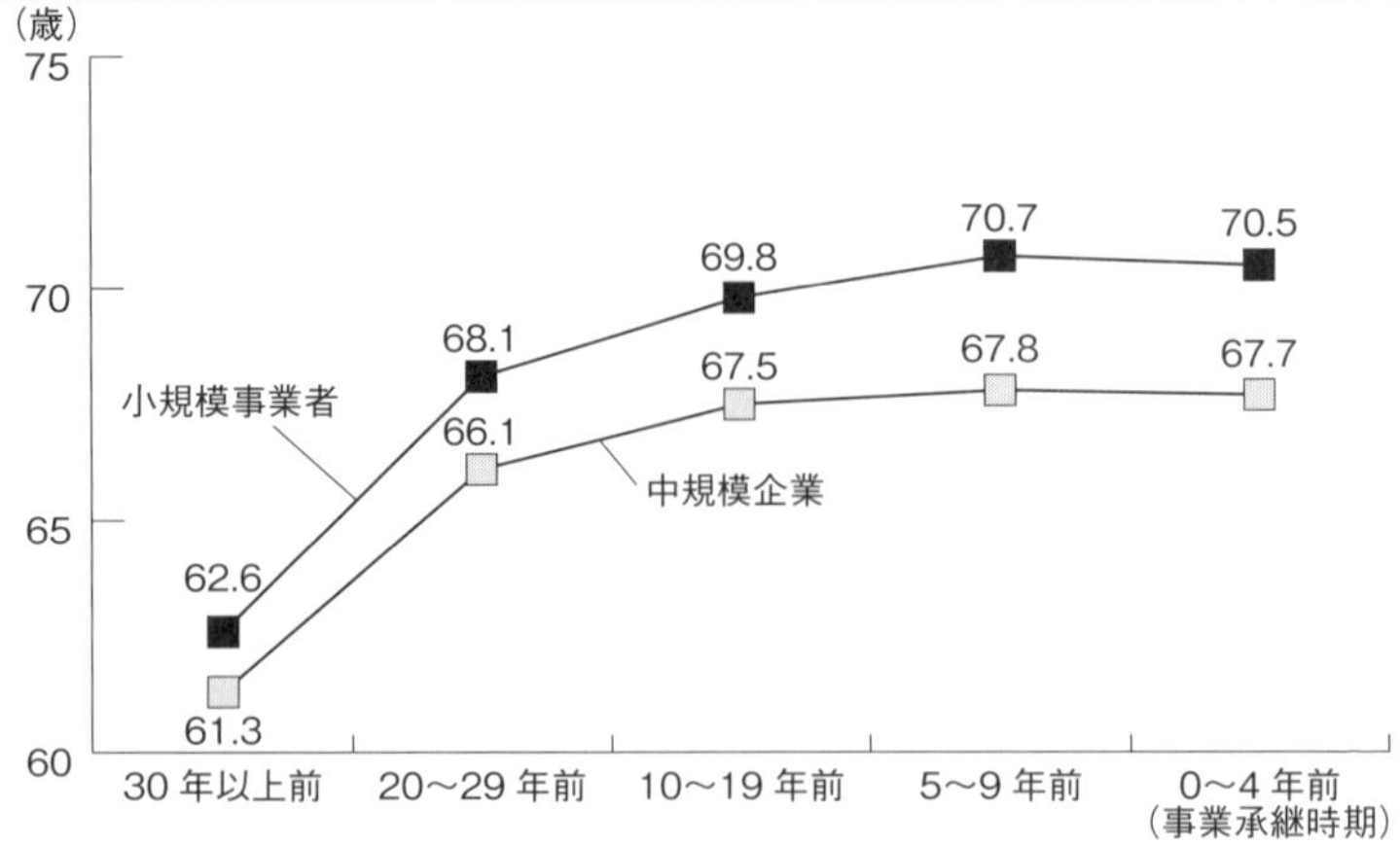

出所：中小企業庁委託「中小企業の事業承継に関するアンケート調査」（2012年11月、㈱野村総合研究所）

代後半から七〇代に差し掛かっていることが分かる（**図表2**）。

この七〇歳前後の世代は、第二次世界大戦後の第一次ベビーブーム（一九四七〜一九四九年）に生まれた、いわゆる〝団塊世代〟と一致する。団塊世代は日本の人口のボリュームゾーンを構成し、戦後の高度経済成長を牽引した立役者といえる世代である。その世代の経営者が一斉にリタイア期に差し掛かっているのがまさに今の潮流であり、言い換えれば〝事業承継はピークを迎えている〟。このピークはこれから二〇二〇年ごろまで続く、と筆者は見ている。

「二〇二〇年以降に景気の崖が来る」。そんな想定をしている経営者は多い。二〇二〇年東京オリンピック・パラリンピック後に景気が低迷することを過去の歴史が物語っているからだ。

しかし本当に景気の低迷期が到来するのか？　ここでそれを議論するのは不毛であろう。むしろ悲観的な想定のなかで、最善の準備をしようと考えるのが健全である。団塊世代の経営者であれば、当然その準備のなかに事業承継も含まれてくる。どんなに逆風であっても企業は常に成長していかなければならない。その持続性を次世代に託しながらも、逆風が吹く前に万全の備えをしておく必要があるのだ。

経営のバトンを受け継ぐのはどんな世代だろうか。

それは第二次ベビーブーム（一九七一～一九七三年）に生まれた〝団塊ジュニア世代〟であるだろう。今ピークを迎えている事業承継は、**「団塊世代から団塊ジュニア世代への承継である」**といってよい。団塊世代が高度経済成長期の立役者であったとするならば、ジュニア世代はバブル経済崩壊後の低成長期に社会人デビューした、いわゆる〝ロストジェネレーション〟である。筆者も一九七二（昭和四七）年生まれのジュニア世代であるため、〝ロスジェネ〟ぶりは実体験として持っている。大学受験などの進学時には受験者数が多いため競争は熾烈を極め、頑張って大学に入ってもバブル経済が崩壊して、今度は就職氷河期に見舞われた。まともに就職せず「手に職を」と資格取得に走ったり、大学院に進学する学生が増えたりしたのもこの世代である。

社会人になっても世の中は〝失われた一〇年〟の状況で、バブル以前には考えられなかった大型倒産が相次いだ。〝失われた一〇年〟はいつの間にか〝失われた二〇年〟といわれるようになり、その間にリーマン・ショックなど、一〇〇年に一度といわれる経済危機も体験した。先輩からは「考える前に動け」と教わったが、頑張って汗をかいても思うように成果は出せず、「考えながら動く」ように変化していく過程のなかで、ビジネスパーソンとして成長していったように思う。

そんなジュニア世代も、すでに四〇代半ばに差し掛かっている。会社では中核を担い、多くがリーダーとして、またマネジャーとして活躍している。オーナー企業では、ジュニア世代の後継経営者も続々と誕生している。経営の主役は確実に世代交代をしているが、ここで注目すべきは、それに伴って**経営の価値観も変化している**ということである。団塊世代は日本経済の〝成長期〟に社会に登場したが、団塊ジュニア世代は〝成熟期〟しか知らない。

成熟期における価値観のキーワードは、「多様性」にあるだろう。成長期の価値観はとかく画一的になりがちだが、むしろそのほうがスピード感があってよかった。しかしながら成熟期になるとモノやサービスが溢れるため消費者のニーズや嗜好も多岐にわたるようになるし、働き方も多種多様だ。二〇年前にテレビCMで流行した「二四時間戦えますか?」という働き方を画一的に押しつけてしまうと、いまや〝ブラック企業〟のレッテルを貼られてしまう時代なのである。

話を本書のテーマであるホールディング経営に戻そう。ホールディング経営が次世代の経営スタイルとして選ばれるようになっているが、その理由も「多様性」と深く関係がある。ビジネスモデルや組織カルチャー、そして働き方などの多様性を包含するスタイルであることが、ホールディング経営の一つの魅力になっているからである。一つのビジネスモデルに固執するとやがて陳腐化していくし、あるいはもうすでに陳腐化している。またトップダウン一辺倒の組織では社員のモチベーションが上がらず、成長もしない。

先に紹介した中堅ハウスビルダーは、地域ナンバーワンのポジションを取るというビジョンを掲げるが、その背景には「縮小マーケットのなかで存続するには一番になるしかない」という創業者の強い危機感がある。顧客のニーズも多様化しているため、ホールディング経営体制のもと、複数のブランドを一つ一つ分社化し、それぞれに社長を置いて**顧客と向き合った自由度の高い経営**をしてもらいたいと考える。地域ナンバーワンというのは、グループ全体のビジョンであり、それをホールディングカンパニー（持ち株会社）から打ち出す。そして、その傘下にぶら下がる事業会社各社が多様化する顧客ニーズやその変化にフレキシブルに対応していく。それが、同社の創業者が理想とする未来図なのである。

2 後継者選択の自由——多様化する事業承継

「私には大学3年生の息子がいるが、後を継がせるかどうかはまだ決めていない」

ある地域優良スーパーマーケットの社長（五七歳）は悩んでいる。同社は創業六〇年の還暦企業だ。社長の父親である会長（九〇歳）が創業し、このエリアでは大手量販店の侵攻にも負けないくらいのブランドを確立しながら成長してきた。現在では中型店舗を一〇店舗以上展開している。

「私が小さいころはまだ店舗も小さく、家業のレベルだったから、小学生のうちから店に出て手伝わされてね」

社長は当時を振り返って言う。いわく、家族総出で経営をしていたので自らが父親の後を継いで社長になることには何の躊躇もなく、宿命のように受け入れたとのことである。

「でも、自分の息子はそういうわけにはいかない」

会社は年商二〇〇億円に迫る勢いで成長しており、一〇〇〇人近い従業員を抱える規模になっている。当然、家庭と事業は分離しており、社長が息子と仕事の話をする機会も少ないという。ましてや後継ぎをどうするか、などという話はこれまでしたこともない。ファミリービジネスとして継承していくのか、幹部社員に経営を委ねるのか、それとも……。

その答えを出すのには、まだ当分時間がかかりそうである。

◇

事業承継がピークに差し掛かっていることは先に述べた通りであるが、そのトレンドは創業者から第二世代への承継ではなく、先の事例にもあるように**第二世代から第三世代への承継**であるケースが多い。

現在の日本に存在する企業の九割以上は第二次世界大戦後の設立であり、そのなかでも一定規模以上の中堅・中小企業の設立は戦後一〇年以内に集中している。そういった企業はすでに創業六〇年のいわゆる還暦を過ぎており、世代交代も進んでいるのである。

創業世代から第二世代への事業承継と、第二世代から第三世代へのそれは、明らかに趣が異なる。前者は親子間や親族間で承継するケースが圧倒的に多いが、後者においては多様化する傾向を見せる。二〇一四年の「中小企業白書」に示された「形態別の事業承継の推移」（**図表3**）を見ると、三〇年前、すなわち創業世代から第二世代への承継期には親族内承継が七割近くを占めていたのに対し、直近では四割強の水準にまで低下してきている。それに代わって社

図表3 形態別の事業承継の推移

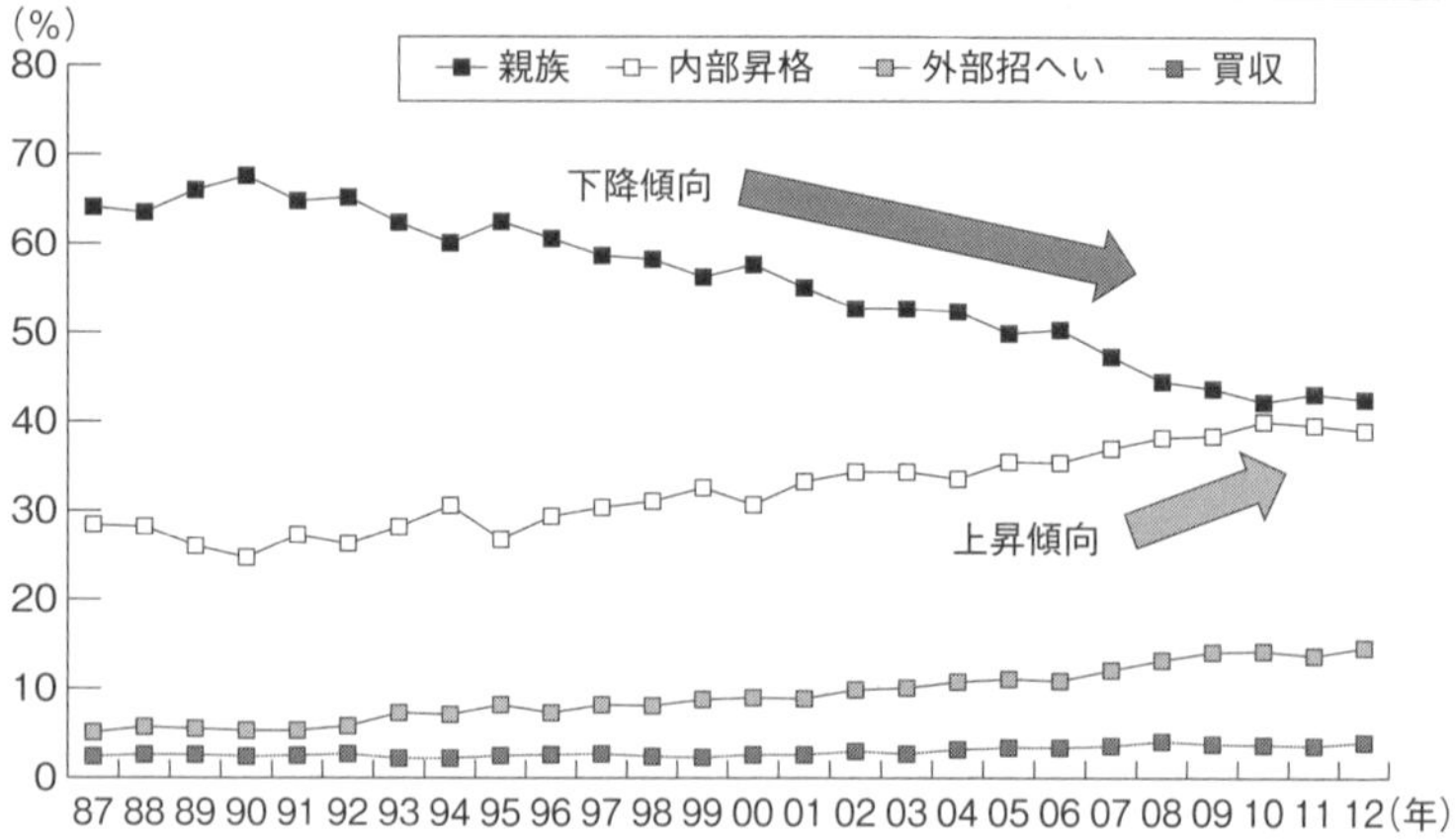

出所：㈱帝国データバンク「信用調査報告書データベース」、「企業概要データベース」

員の内部昇格や外部招へいが増加する傾向がある。つまり、**事業承継の形態は多様化してきており、将来的にこの傾向はより強まっていく**ものと思われる。

なぜ親族内承継が減少しているのか。その理由は大きく「世代間の考え方の違い」と「時代による前提条件の違い」という二つがあると筆者は考えている。また、その二つには因果関係があるという見方もできよう。つまり、世代間の考え方の違いは時代による前提条件の違いから生じているともいえるのである。

世代間の考え方の違いとは何か。それは、創業世代と第二世代以降で分けて考えると明快であろう。創業世代は強い使命感を持って事業を立ち上げ、その理念を実現するために全身全霊を注ぎ込む。人生のすべてを事業に費やすと言っても過言ではない。会社はわが身であり、社員に対する思いも家族と同等のものとなる。事業承継に対するスタンスも、自らの理念を受け継いでもらえる後継者に託したいと思い、それは血を分けたわが子しかないという発想になりがちだ。

その思いを受け継いだ第二世代の後継者は、守成のスタンスを取ることが多い。創業世代の経営は思いが先行する分、マネジメントが置き去りにされ、洗練されていないものである。後継者はそれを正し、利益重視の経営を行うようになる。経営幹部をはじめとした社員教育や人事制度改革などにも力を入れ始める。マネジメントに関する勉強も十分にしており、より合理化した経営を目指そうとする。そうなると自らの後継者も「最も優秀な人物に」という発想になるだろう。必ずしも親族にこだわらず、幹部社員の中に適切な人物がいれば、むしろその人に任せたいと思い始めるのである。

時代による前提条件の違いとは何を指すのか。その分岐点は、第二次世界大戦後の民法改正にあるだろう。戦前の民法には「家族」という概念があり、家父長制のもと、相続も家督を継ぐ長男に一子相伝するのが習わしであった。日本には古くより「家」を継ぐという文化があり、養子を入れてでも守らなければいけなかった。一説によると、この「家」を継ぐ文化は室町時代を起点とするという。武家をイメージすれば分かりやすいだろう。日本には創業一〇〇年を超える長寿企業が多いといわれているが、その理由も「家」を継ぐ文化にあるとされる。「家」

で代々経営を継承していくことを本書では**「ファミリービジネス」**と呼ぶが、そのファミリービジネスが長寿企業の条件として世界中の経営者や学者の研究対象にもなっている（ファミリービジネスについては第6章で詳述する）。

第二次世界大戦後の民法改正では「家族」という概念がなくなり、それに代わって「親族」という言葉が使われるようになった。相続も一子相伝ではなく、法定相続分が定められ、子女の世代へは均等に分割されるようになる。つまり戦後においては、長男が「家」を継ぐという習慣の法的な根拠がなくなったのである。オーナー企業の経営においても創業世代まではその習慣の名残があったともいえるが、二代目、三代目と承継を重ねるたびにその意識が薄らいでいる。親族内承継が減少しているのには、そういった背景もある。

今、事業承継の当事者である第二世代経営者は、戦後、家父長制が廃止されファミリーで継承していくことが必ずしも前提とされない時代において、歴史的にも初めて**〝後継者選択の自由〟**を手にしたといってよいかもしれない。純粋に企業の長期的な成長発展のためにどうすればよいのか、過去の慣習や前例にとらわれることなく、ゼロベースで考えることができるのだ。

だが自由ほど悩ましいものもないだろう。事業承継は経営上最も重要な決断であるだけに、しっかりとした理念やビジョンを持ち、目先の利害ではなく、正しい価値判断基準をもって対応することが求められるのである。この世代の事業承継の巧拙が今後の日本における中堅・中

図表4｜多様化する事業承継モデル

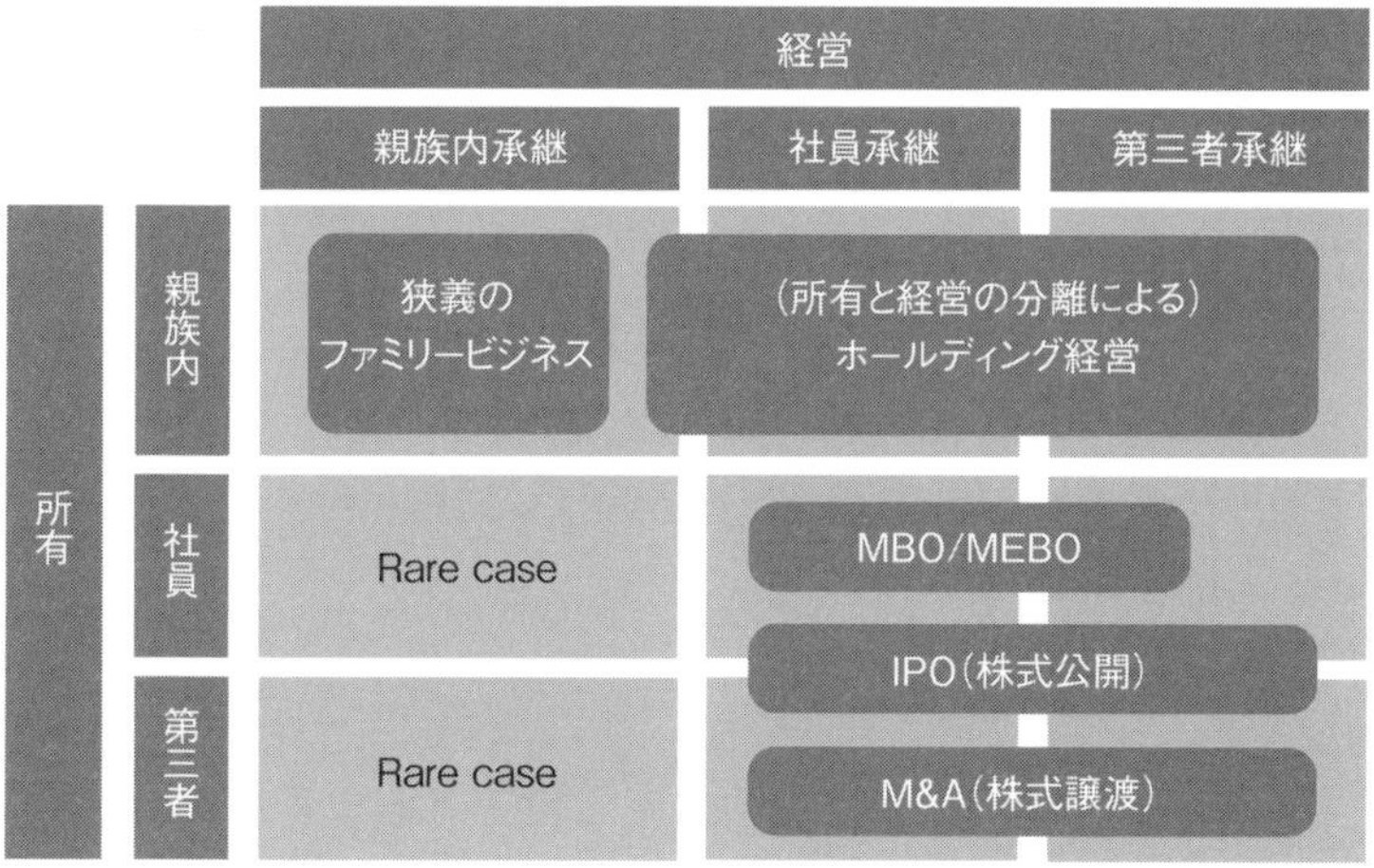

小企業経営の道筋をつくるだけでなく、日本経済全体の動向を左右する重要な転換点になり得るからである。

事業承継における後継者選びには、大きく三つのパターンがある（**図表4**）。

まずは「親族内承継」である。このパターンが必ずしも前提ではなく、むしろ減少する傾向にあることはすでに述べた。

親族内で後継者がいない場合は、次の選択肢として「社員承継」を模索するであろう。オーナー企業にとっては社員もまた家族同様であり、ともに汗を流してきた同志のなかから後継者を選ぶこともまた本筋であるといえる。

親族にも社員にも後継者が見つからない場合、最後の選択肢として初めて「第三者承継」を考えることになるだろう。外部から有能な経営者人材をスカウトする、あるいはM&Aで会社そのものを売却するなどの選択肢がある。近年、この第三者承継のビジネスが活況を呈している。後継者にターゲットを絞ったヘッドハンティングや後継者不在を理由としたM&Aが急激に増加しているという事実は、事業承継の多様化を象徴しているといってよい。

事業承継を控えた経営者は、これら三つのパターンとそれぞれに有効なスキームについて一定の知識を得ておく必要があるだろう。

「親族内承継」「社員承継」「第三者承継」という三つのパターンはそれぞれ「所有」と「経営」という二つの象限のなかで区分される。この場合の「所有」とは、自社株(経営権)を継続して所有することでオーナーシップを発揮することであり、「経営」とは、事業運営の実務的な判断を任されることをいう。これまでは「所有」も「経営」も親族で承継するのが最もオーソドックスな形であったといえるが、価値観の変化によりこの形が減少しているため、「所有」と「経営」を分離して、所有は創業家で承継しながらも、経営は社員に任せたり、外部招へいしたりという傾向が強まっているのである。

ホールディング経営モデルは、そういったことを背景に所有と経営を分離する知恵として登場した、オーナー企業の事業承継メソッドである。つまりホールディングカンパニー(HDC)は創業家の理念を代々受け継ぐ会社としてグループを支え、そのグループ内の事業会社経営を社員や第三者に任せていくというスタイルである。社員や第三者に経営を任せる場合でも、現実的には所有を渡すことで、最終責任を負わせるわけにはいかない。将来的には創業家から再び経営者を輩出する可能性もあり得る。長い目で見れば、所有と経営を分離しておくことで各世代における経営者の選択に幅を持たせることができるのだ。

ホールディング経営モデルはそういった意味で、**後継者選択の多様性に対応できる形であるといえるのである。**

3 そのビジネスモデルはすでに陳腐化している

――ポートフォリオで成長する

自分が育てた牛を、自分で食卓まで届けたい――それが父親の夢であり、口癖であったという。

鹿児島に本社を有するカミチクホールディングス代表である上村昌志氏は、父親が経営していた畜産事業を継承せず、育てた牛を加工販売する製造業を新たに立ち上げた。それが現在のカミチクであり、創業したのは今から三〇年以上前のことである。その後、同社は順調に成長発展し、二〇一八年現在では年商一七〇億円の規模になっている。また、その成長過程においいては新たに牛を肥育する畜産事業を立ち上げたり、自らが肥育し加工した鹿児島県産の黒毛和牛を提供する焼肉店を出店したりしてその業容を拡大している。

農業ビジネスにおいて一次産業である農業、二次産業である食品加工事業および三次産業である外食事業などを一貫して取り組むモデルを「六次化」といい、政府も日本の農業の振興を目的に推奨し資金援助などを積極的に行っている。カミチクグループは牛の分野で六次化を成功させたパイオニアモデルとして注目され、今後はグローバルマーケットへの展開も含めさらなる成長を遂げようとしている。

カミチクホールディングスは、二〇一五年にカミチクからの株式移転により新設した純粋持ち株会社である。そこから六次化モデルを伸長させる成長戦略を打ち出し、一次産業から三次産業までを展開する各事業会社がそれぞれの事業を伸ばしていくというグループ組織構造となっている。農業事業、食肉加工事業、外食事業はそれぞれを単独で見れば成熟事業であり、今後の成長は見込みづらい。しかしながら六次化というすべての事業を統合したビジネスモデルとして打ち出すことで新たな事業価値が生まれ、競争力（付加価値）も高まり、全体の成長が加速していくのである。

カミチクグループはそういう壮大なビジョンを実現しようとしているが、その原点には右に述べたような父親の夢があり、また停滞する地域の畜産業界を再生させたいという使命感がある。そんな創業者の理念がホールディング経営体制で六次化を展開するという戦略を決断させ、大型のM&Aなどにも躊躇なく投資する価値判断基準となっているのである。

◇

企業は常に成長していなければならない。

その理由はシンプルだ。

企業は成長が止まると、組織としてのバランスを欠き、健全さそのものを維持できなくなるのである。資金繰りが厳しい経営状態を「自転車操業」というが、もっといえば、企業はそれ自体が自転車のようなものであり、前に進んでいないとバランスを取れず倒れてしまうようにできている。

例えば、売上げの伸長が止まるとまず営業部長がその責任を追及されるだろう。経営会議などで「もっと販売を伸ばせ」とやり玉に挙げられる。営業部長も相応の努力をしているがもはや自部門だけでは解決策を見いだせず、製造部門に責任を振り向ける。「顧客はさらなるコストダウンを要求している。もっと原価が下がらないのか！」と。当然ながら製造部長も黙ってはいない。「何を言ってるんだ！ 営業がもっと数を売れば固定費は下がるじゃないか！」。また開発部門にも矛先が向くかもしれない。「もっと売れる新製品をつくれよ！」。開発部長も猛反論するだろう。「だったら顧客のニーズをしっかりとつかんでフィードバックしろ！」

堂々巡りの構図である。これを捌くのは経営者しかいない。

「営業、製造、開発で協力し合って、よいものをリーズナブルに販売し、目標を達成するのだ」。経営者はより高い目線で目標設定し、組織全体を前進させていかなければならない。「現状維持でよし」と言った瞬間から、部門長は自部門やその目標数字を守ることに必死になり、前を向かず横を向いて子どもじみた喧嘩を始めてしまうのである。組織内にコンフリクト（対立、葛藤）が生じやすい体質になり、成長を阻害するどころか衰退し、経営破綻する最大の原因にもなり得る。

それが、企業が常に成長していなくてはならない大きな理由であるだろう。

また、成長しない組織はチャレンジをしない。社員の成長にも同じようなことがいえる。成長とは、〝チャレンジする経験の蓄積により判断力が高まっていくこと〟であると筆者は定義している。目標を立て、それを実現する仮説を考え、実際にチャレンジする。そのチャレンジは最初、失敗するかもしれない。しかし失敗も教訓とし、仮説を見直して再チャレンジする。その繰り返しによりやがて成功体験を得るだろう。チャレンジが成功すればその仮説は自身のノウハウとなり、同じことをしても成功する再現性が高まる。次のチャレンジに対する自信にもつながるだろう。企業も成長目標を立て、独自の戦略を構築し、実際に組織をあげてチャレンジしていく。成果が出れば構築した独自戦略はその企業の差別的競争優位性となり、売上げを伸ばすだけでなく、付加価値や収益性を高めていくことにつながるのである。

成長する企業は、成長目標→仮説（戦略）→チャレンジ→成果の好循環となるが、成熟した企業は悪循環に陥ってしまうことが多い。企業が成長しないと社員も成長しないし、社員が成長しないと企業も成長しないのである。世の中には好循環と悪循環しかない。現状維持とはあくまで結果として得られる均衡状態であり、現状維持そのものは目標にはなり得ない。また好循環にしても悪循環にしても、その循環スピードは時間とともに加速していく性質を持つ。悪循環の場合は、経営破綻にまで加速度的に悪化してしまうことにもなりかねない。そう考えると、企業はやはり成長を志していくしかないのだ。

企業の成長要因は、外部環境に依存するところも大きいだろう。戦後の日本経済は、バブル経済崩壊前までの成長期とそれ以降の成熟期に大きく二分されるという見方ができる。現存する中堅・中小企業においては日本経済の成長期とともに業容を拡大してきたところが多い。戦後創業の「還暦企業」が多いことは先に述べたが、そういった企業はその典型といえるだろう。

深刻なのは、多くの中堅・中小企業が日本経済の成熟化とともに伸び悩んでいるという事実である。経営者の世代で見ると、創業世代は日本の経済成長とともに企業を成長発展させたが、第二世代はいわゆる「失われた二〇年」の時代に成長を鈍化させているともいえる。さらにバトンを受け継ぐ第三世代は企業を再成長させていかなければならない使命を背負っているのだ。しかも外部環境は必ずしも順風ではなく、むしろ逆風であるかもしれない。高度成長期のような画一的な成長は望むべくもなく、絶えず変化し多様化する不確実性のなかで、〝自力で成長する〟戦略と体制で臨まなければならないのである。

成長が止まり、成熟化あるいは衰退化している企業は、旧態依然としたビジネスモデルを引きずっていることが多い。言い換えれば、成長期のビジネスモデルに変化を加えられていないのである。逆に成長している企業は、既存のビジネスモデルを時代や顧客ニーズの変化に合わせて進化させている。事業のライフサイクルは三〇年という説がある。旧態依然としたビジネスモデルは、そこにいくら資源を追加投入しても成長に限界があることが多い。その場合はほかのビジネスモデルとの組み合わせで新たな価値を生み出していくことが有効となるであろう。他社との業務提携によるオープンイノベーションや、M&A投資による買収などの動きが加速しているのは、そういった時代の流れを表している。

先に紹介したカミチクグループも一次産業、二次産業、三次産業を掛け合わせた六次化モデルでさらなる成長を遂げようとしている。その過程では三次産業である外食事業のM&Aに巨費を投じて踏み切った。現有資源の投下だけでは戦略展開にスピード感が出ず、上村氏のビジョン実現におけるボトルネックとなっていたからである。

事業の組み合わせによりシナジー（相乗）効果を得て付加価値を高める戦略を、本書では「**事業ポートフォリオ戦略**」と呼ぶ。将来の不確実性が高いマーケットのなかで企業が自力で成長していくためには、そういった合従連衡によるスキームが有効といえる。ホールディング経営体制は、それを実現するためのグループ戦略モデルとなるのである。

本書の冒頭で紹介した介護事業グループの創業社長は、講演のなかで「二〇年前、介護は海のものとも山のものとも分からないビジネスであった」と語る。そして、「これからの二〇年で状況はまた大きく変わるだろう」と予測する。現在、ホールディング経営体制を敷いているのは、いかに状況が変わろうとも、その変化にフレキシブルに対応するためであるというのだ。もしかすると、二〇年後の同社グループの事業ポートフォリオは大きく様変わりしているかもしれない。

4 権限委譲が進む組織進化のプロセス——組織戦略のトレンド

かつて、「カンパニー制」がもてはやされた時代があった。

カンパニー制とは、一九九四年にソニーが取り入れた組織体制である。ソニーはそれまでにあった一九の事業本部を八つの「カンパニー」という単位にくくり直し、それぞれに製造から販売までの責任者として「プレジデント」を置いた。事業本部長よりもさらに大きな責任と権限を委譲したのである。その目的は、よりスピーディーかつ自律的な組織をつくることにあった。八人のプレジデントには、従来社長が有していた権限のうち、一定規模内の投資決裁権やカンパニー内の人事権などが委譲された。また、事業本部制のときよりも厳密なP／L（損益計算書）責任とB／S（貸借対照表）責任、加えてキャッシュフロー責任が課されることになった。当時の大賀典雄社長は、各プレジデントに自己完結型の組織運営を行う一企業の経営者になったつもりで企業家精神を発揮してもらおうと考えたという。より自律的な「小さな会社」と「小さな社長」たちがソニーのなかに生まれたのである。

当時、これに倣《なら》いカンパニー制を導入する中堅・中小企業も少なからずあった。目的はソニーと同様である。企業規模こそ違えど、事業が多角化していく過程のなかで一人の社長によるトップダウン経営では戦略的な意思決定が遅くなり、マーケットの変化やニーズの多様化についていけなくなるからである。

しかしながら、このカンパニー制は一過性のブームで終わってしまった感を否めない。事実、現在カンパニー制を導入している企業は皆無に近いといえる。ソニーも二〇〇五年にカンパニー制を廃止したが、その理由は同制度のデメリットが露呈して本来の目的を達せられなくなっ

図表5　純粋持ち株会社数の推移

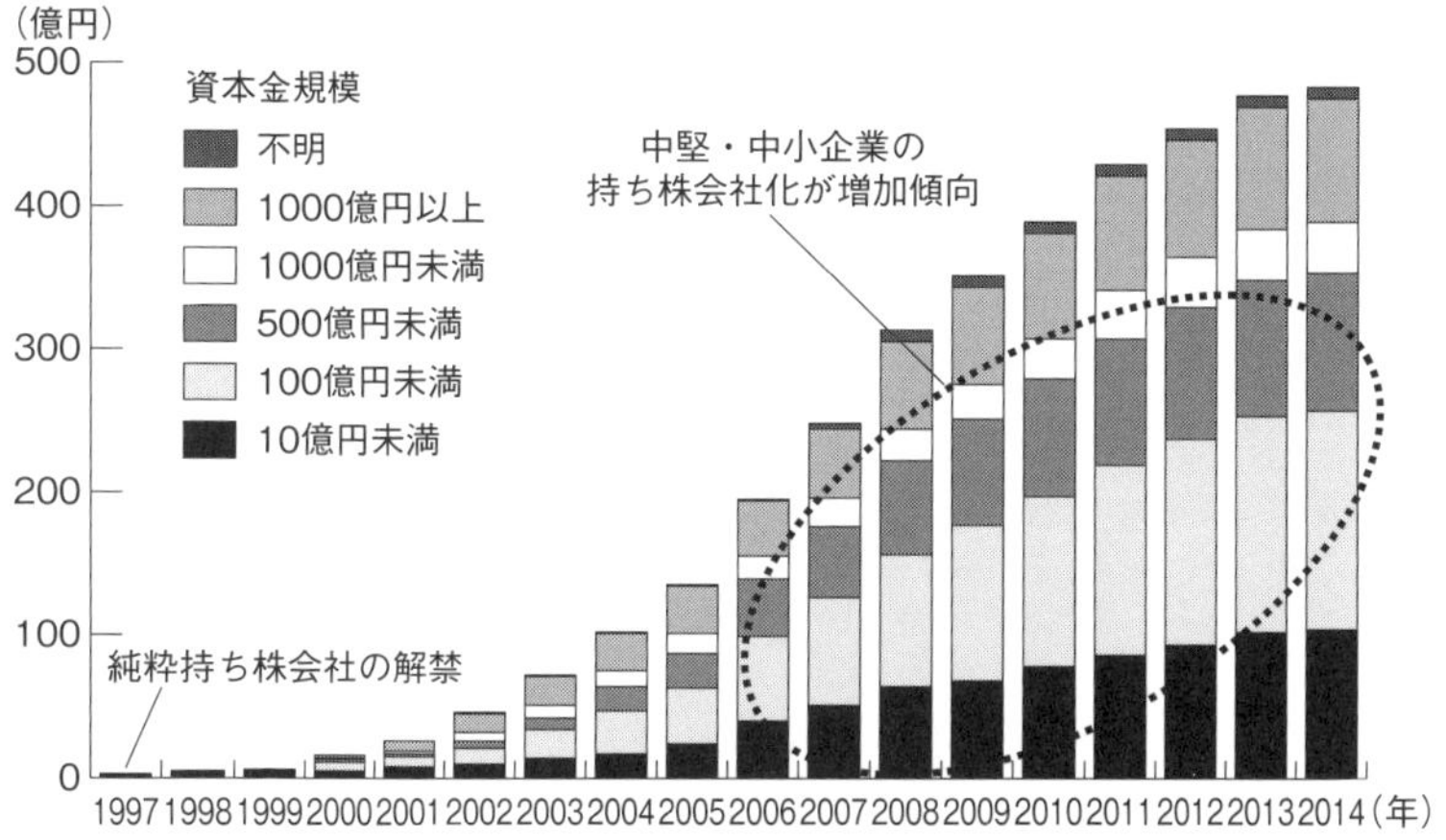

出典：経済産業省「純粋持株会社実態調査」を基に筆者作成

たことにあるといわれる。導入後一〇年が経過して、一種の制度疲労が出てきたのかもしれない。

一方で、もっと抜本的な法改正が一九九七年にあった。純粋持ち株会社の解禁である。ソニーがカンパニー制を敷いてからわずか三年後のことだ。純粋持ち株会社は第二次世界大戦後、財閥解体の一環としてＧＨＱにより禁止された。以後、日本では半世紀以上にわたって純粋持ち株会社によるグループ経営はできなかったのである。純粋持ち株会社が解禁されて以降、その数はうなぎ上りに増加していると言っても過言ではない（**図表5**）。もし解禁が一〇年早かったら、ソニーも分社化してホールディング化していたかもしれない。カンパニー制はあくまでも〝仮想分社化〟であり、純粋持ち株会社が禁止された体制下で編み出された知恵だったと思われるからである。

企業の合従連衡も一九九七年を機に変わったといえる。それまでは経営統合といえば合併が主流であった。バブル経済崩壊後の都市銀行や地方銀行の合併などが思い浮かぶであろう。しかし今では、持ち株会社による経営統合がほとんどであるといってよい。企業文化や制度、システムなどを統合しなければならない合併に対し、持ち株会社による再編はそれぞれのブランドや形を残したままで経営統合できるため、組織的なストレスやコンフリクトが少ないのだ。

持ち株会社によるホールディング体制への移行は、まず大手企業が先行したといえる。今では「ホールディングス」とつく社名は数多くある。そして、この流れが中堅企業や中小企業に波及しつつあるのが昨今のトレンドなのである。非上場のオーナー企業の場合、抜本的な組織再編を機動的に行うことは少ない。実行する機会は事業承継期など数十年に一度に限られるだろう。近年ピークを迎えている事業承継期は、言い換えれば中堅・中小企業が組織構造を抜本的に見直す絶好の機会なのである。


組織は「生きもの」であるため、企業の成長とともに進化し続けなければならない（図表6）。創業したばかりで企業規模が小さく、家業に近い段階であれば組織戦略は不要であろう。社長がすべてのことを意思決定し、あらゆることに対して指示を出せるからだ。しかし企業規模が

図表6　組織の変遷

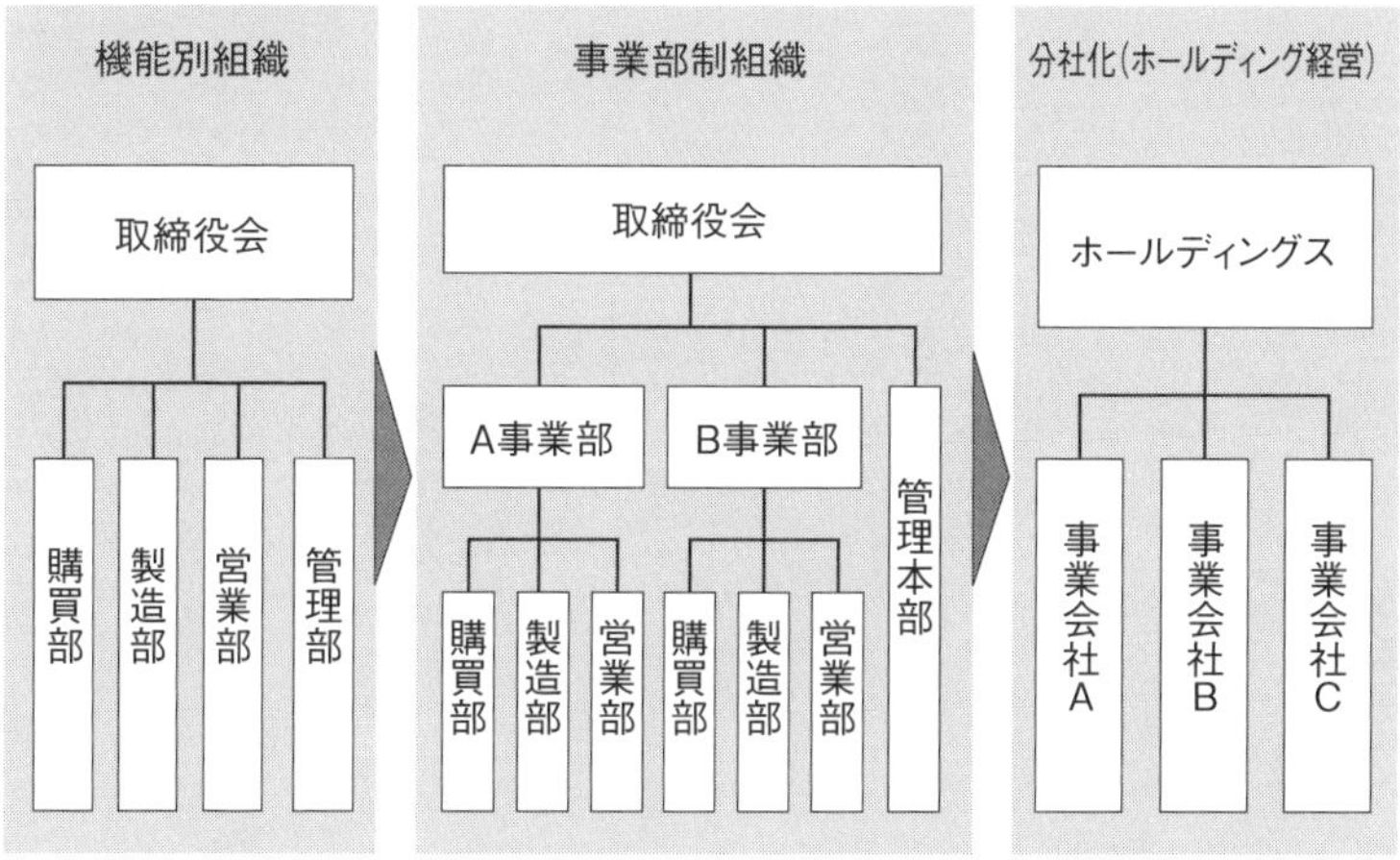

大きくなると社長が日常のすべてに意思決定すれば機動力の低下を招き、その成長スピードは鈍化してしまう。適切に権限委譲をしなければならなくなるのだ。

まず経営活動を機能ごとに役割分担し、その役割の範囲内で権限委譲をしていくことになる。製造業であれば、会社全体を営業・製造・仕入・財務・総務などの部門に分け、それぞれに管理者を配して機能分化することが多い。これを「機能別組織」という。最もポピュラーな組織構造であり、今でも多くの中堅・中小企業がこの機能別組織を採用している。この組織は役割分担が明確であるため機能が重複するというムダがない。機能ごとの専門能力を高めていくには適切な組織であるといえる。一方、各機能は互いに利害が対立する構造なので、先に述べたような「営業対製造」や「営業対開発」などの組織的なコンフリクトを起こしやすく、その調整や全社的な意思決定をトップに依存せざるを得ない。つまり権限がトップに集中するため、機能別組織は「ワンマン経営組織」であるといえ、これが最大のデメリットとなって成長を阻害するのである。

機能別組織のデメリットを発展的に解消し、さらに進化させた組織が「事業部制組織」である。カンパニー制に移行する前のソニーが取っていたのが、この形態だ。これは事業ごとに部門（通常は事業部）を分けてそれぞれにリーダーを配置する組織で、その事業部のなかに製造・営業などの機能を置く。業務プロセスの循環が事業部単位で完結するために事業部長の裁量が大きくなり、顧客の細かな要望やマーケットニーズの変化に対しトップにおうかがいを立てることなくスピーディーに対応できるというメリットがある。一方で権限が大きくなる分、事業部長がいわゆる〝お山の大将〟的になり、ほかの事業部との軋轢を生じるといったセクショナリズムの問題が出やすくなる。そのため全社的な横串機能も重要になる。その横串機能に一定の権限を持たせて正式に組織化したものが「マトリックス組織」であるが、ここでは詳しくは言及しない。

事業部制組織は事業ごとに部門を編成するのが原則であるが、広域な営業活動を展開する商社などがエリアごとに部門を編成する「エリア事業部制」も多く見受けられる。営業所やそれを統括するブロックなどは、地域で収益単位が独立しているためこの形を取りやすいのである。特に顧客に密着して拠点展開することが多い中小企業によくある形といえよう。この「エリア事業部制」の場合、各拠点の事業構造は同質であり、前述の通り、収益単位が明確であるためマネジメントはしやすいといえる。しかしながら、全社的な成長戦略を推進しようとするときにその取り組みスピードに拠点格差が出るなどのデメリットがある。地域が離れているなど物理的な条件により、先の事業部制組織に輪をかけて〝お山の大将〟が育ちやすいことがその原因である。

事業部制組織がさらに進化すると、各事業部を事業会社として分社化し、事業部長を社長としてより大きな権限を与えるようになる。ソニーのくだりで述べたように、事業部制組織では事業部長がP／L（損益計算書）責任のみを負っていたのに対し、分社化された事業会社の社長は一定のB／S（貸借対照表）責任やキャッシュフロー責任まで担うことになる。損益計算書は事業年度単位（通常は一年）の経営成績であるが、貸借対照表は創業からの複数年にわたる蓄積であるため、より長期的な視点で企業の成長発展にコミットしていくことが求められるのである。

一方で、分社化した事業会社の経営者により大きな権限を委譲するとセクショナリズムがさらに進み、各社がバラバラになって空中分解してしまうリスクが高まる。そこで通常は複数の事業会社の上に純粋持ち株会社を置き、全体的な戦略の意思決定と内部統制を機能させる。これが本書のテーマであるホールディング経営のモデルである。全体の軸を揺るがすことなく、バランスを取りながら成長していくことが重要なのである。

「経営は環境適応業である」というが、組織も絶えず変化する経営環境に合わせて進化していかなければならない。創業六〇年超の還暦企業をモデルケースにすれば、創業したのは戦後であり、高度経済成長期など日本経済が右肩上がりで伸びていた時代に業容も大きく拡大した。世代でいえば創業者世代が一致し、トップダウン型である「機能別組織」が有効に機能した時代だったといえよう。その後、日本経済が成長期から成熟期に差し掛かるとマーケットニーズが細分化し、多様化するようになる。また、その変化も激しく機能別組織ではスピーディーに対応できなくなるため、事業部制組織などの権限委譲モデルが求められるようになった。この段階は概ね第二世代と一致するだろう。

第三世代以降の将来においては、二〇二〇年を境に外部環境の不確実性はますます高まっていくことが想定される。その多様性と変化に対し、経営体制の機動力もさらに高めていかなければならない。現在、活況となっているM&Aなどで機動的に他社のノウハウを取り込む戦略も有効であろう。ホールディング経営は、このような時代環境の変遷のもとで将来に向けた持続的成長モデルとして選択されている、といえるのである。

5 再編コストフリーの時代——会社法と税制改正の変遷

第1章では、なぜ今、ホールディング経営というスタイルが選ばれるのか、その背景を多角的に探ってきた。

まず、現在は事業承継のピーク期、すなわち世代交代期であるが、その中身は団塊世代から団塊ジュニア世代へのバトンタッチであり、その時代背景の違いにより価値観が変化していることについて触れた。画一的に成長した高度経済成長期の牽引役であった団塊世代リーダーに対し、成熟化したマーケットで多様性に対応しなければいけない団塊ジュニア世代経営者は、さまざまな価値観を融合させる経営体制を築いていかなければならない。ホールディング経営は複数の事業をミックスさせたポートフォリオモデルであり、その目的は多様化するニーズにワンストップで対応することであるとともに、その変化に対し柔軟に組み合わせを変えて適応させることにある。

一方、後継者選びにおいても多様化する傾向がある。これまではファミリー、すなわち親子間や親族間でのバトンタッチが主流であったが、戦後の民法改正などの時代背景や世代間の価値観の違いにより、その選択肢は社員の内部昇格や社外からの外部招へいなどに広がっており、後継者選択の自由度が高まっている。そのなかで、企業の所有はファミリーで継承しながらも、実際の経営は社員や外部人材の第三者に委任する「所有と経営の分離」を選択する企業が増加しており、それを実現する具体的な形がホールディング経営モデルであるといえる。

ホールディング経営モデルは、企業の成長戦略を展開する上でも有効である。成熟期経済においては既存のビジネスモデルの多くが陳腐化しており、そこにヒト・モノ・カネの経営資源を追加投入してももはや成長しない。その場合は複数のビジネスモデルを組み合わせて新たな事業価値を創造し、いわゆるシナジー効果を効かせながら全体で成長していく「事業ポートフォリオ戦略」を取るべきであり、それを実現するグループ組織体制がホールディング経営モデルなのである。

また、その成長戦略を展開していくキーパーソンは、ホールディング傘下の事業会社社長であろう。彼らがその戦略性を発揮するためには、有効に権限委譲がされていなければならない。ワンマン経営モデルであった機能別組織から事業部制組織、分社化組織への変遷は権限委譲モデルの進化であるともいえる。マーケットニーズの多様化や絶えざる変化に対応するには、より顧客に近いところに戦略上の意思決定権を下ろしていかなければならない。ホールディング経営の組織戦略上の目的は、自律的な経営者人材が顧客と向き合いスピーディーにニーズ対応することで、グループ組織全体を持続的に成長させていくことにほかならない。

このようにホールディング経営モデルは、多様化を伴って変化する時代の組織戦略として有効であり、事業承継を機にモデルチェンジが進んでいるのが今のトレンドであるといえるだろう。

しかしながら、中堅・中小企業のホールディング経営モデルが増加しているのには、もう一つ、外せない視点がある。それは税制改正の変遷である。中堅・中小企業がグループ組織を再編するにあたり最も大きな制約条件になるのは税制である。理想形を描いても、多額の税負担がネックになって実現に至らないという案件も少なからずある。では、ホールディング経営モデルが増加した背景にどのような税制改正があったのだろうか。

グループ組織再編に関わる税制改正の変遷は、会社法（旧商法）など企業を規定する法律改正と連動する関係性があるといえる。つまり、会社法が変わり、それを追いかけるように税制が変わるのだ（**図表7**）。

まず純粋持ち株会社解禁（一九九七年）の二年後にあたる一九九九年に創設されたのが「株式交換制度」と「株式移転制度」である。株式交換制度は、二つの会社間で一方の会社を親会社とし、他方を一〇〇％子会社（完全子会社）とする手法である。また株式移転制度とは、完全子

図表7　グループ組織再編にかかる商法（会社法）と税制の流れ

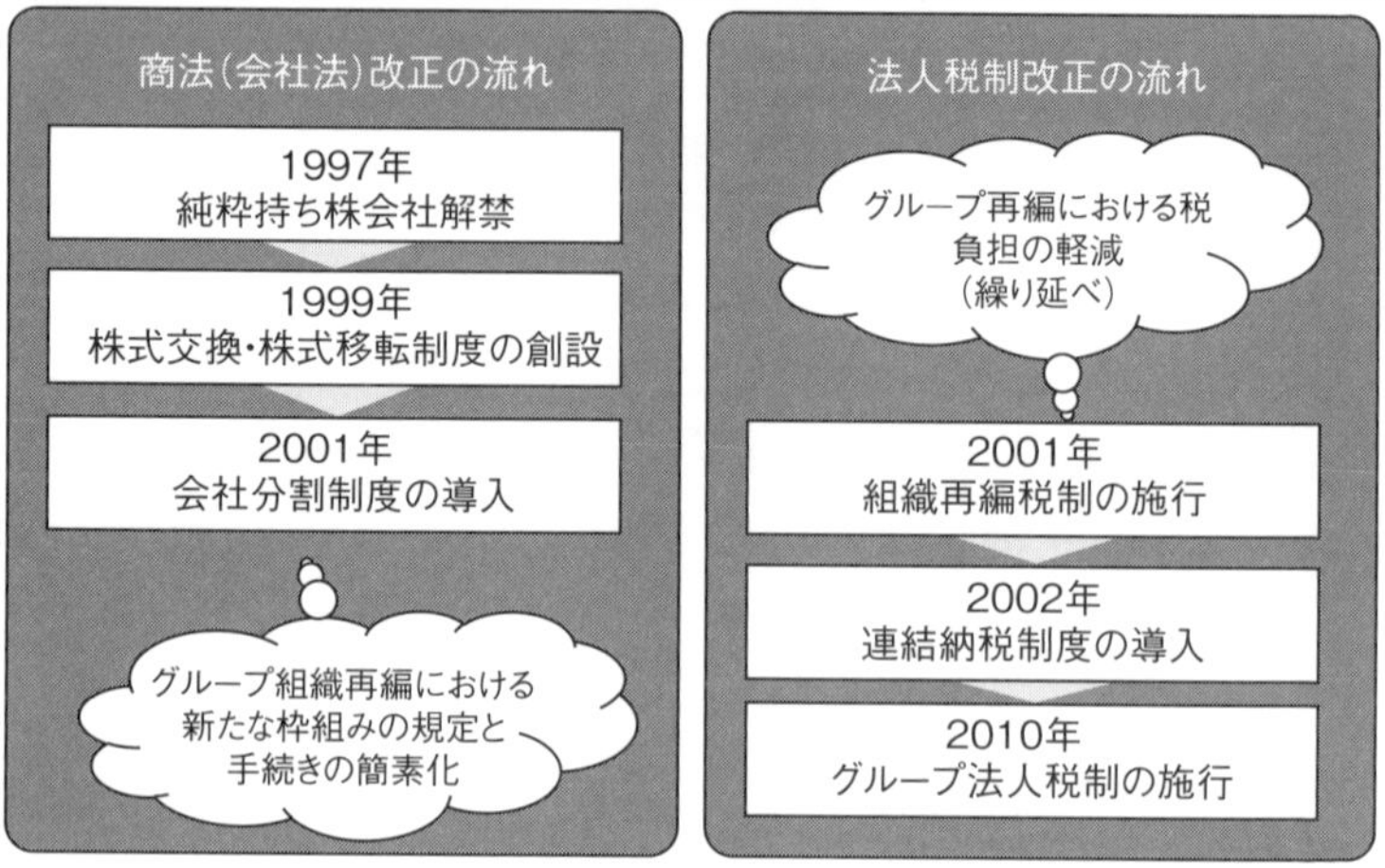

会社となる会社の株主が所有する株式を新たに設立する完全親会社に移転し、旧完全子会社の株主に完全親会社の株式を割り当てることにより親子関係を成立させるものである。

平たくいえば、株式交換が既存の会社を親会社にするのに対し、株式移転は既存の会社の上に新たな親会社をつくる手法である。この制度が施行されるまでの持ち株会社の設立には、現物出資による方法や新設会社が既存会社の株式を買収するなどの手法しかなく、手続きが煩雑だったり多額の資金が必要だったりした。しかし同制度施行により、簡便な手続きで純粋持ち株会社の成立が可能になったのである。

さらに、その二年後にあたる二〇〇一年には「会社分割制度」が導入される。会社分割とは、文字通り会社を複数の法人に分けることである。

会社分割は、大きく「吸収分割」と「新設分割」の二種類に分けられる。吸収分割とは、既存の会社の事業を他の既存会社に分割する手法であり、新設分割は、既存の会社の事業を新たに設立する会社に分割する手法である。一般的に純粋持ち株会社の設立においては、後者の新設分割が用いられる。既存の会社の事業部門をすべて子会社として分割し、残った親会社には管理機能のみを残して事業と管理を分離するのである。この会社分割制度により、これまでの分社化のスキームよりも簡易な手続きで進められるようになった。

この株式交換、株式移転または会社分割の手法により、純粋持ち株会社の設立が手続き上は簡単になった。ただ、先にも述べた通り、中堅・中小企業の場合は、税金の負担が組織再編の足かせになる。再編の時点では法人税等が課税されないという税制上の担保がなければ再編に踏み切れないのだ。

税制については、先ほど記した商法改正に少し遅れて対応されることとなった。

まず、二〇〇一年に「組織再編税制」が施行される。組織再編税制とは、合併や会社分割、株式交換・株式移転などのグループ組織再編において一定の要件を満たしていれば法人税の課税を繰り延べるというものである。例えば合併であれば、組織再編税制以前は合併される会社（消滅会社）の資産・負債をそのときの時価で評価し、簿価（決算書上の価額）との差額について法人税が課税された。組織再編税制ではそれが簿価のまま引き継げるようになったため、合併の時点では課税がされなくなるのだ。この組織再編税制により既存の企業グループを再編して純粋持ち株会社と事業子会社の関係を構築しやすくなり、ホールディング経営スキームが促進されたといってよい。

また、二〇〇二年には「連結納税制度」が導入された。これは一〇〇%親子関係にあるグループ会社については、法人税の納税を通算して一本化できるという制度である。ただ、同制度については積極的なメリットに乏しく、ホールディング経営体制を敷いているグループ企業であっても適用を受けているところは少ない。そのため本書では詳述しない。

さらに、二〇一〇年には「グループ法人税制」が施行された。これは主に一〇〇%親子関係にあるグループ会社間の資産の移転を円滑にするもので、ホールディング経営体制の財務構造の再構築に資する制度といえる。不動産などの資産を会社間で売買すると通常は時価で取引され、簿価との差額に法人税が課税されるが、一定の要件を満たしたグループ会社間であれば簿価取引で課税を繰り延べるものである。ホールディング経営体制を敷く場合、親会社である純粋持ち株会社に不動産や投資有価証券の資産を集約し一元管理することが多いが、子会社から資産を集める際に法人税が課税されないため円滑に実行できるのである。

このように、ホールディング経営体制へのモデルチェンジは時代背景としてその必要性が高まっているなか、現実的な制約条件であった税制の改正により組織再編がコストフリーな状態になったため、取り組みやすくなっているといえる。ホールディング経営モデルへ移行する中堅・中小企業は今後ますます増加していくであろう。

では、中堅・中小企業が構築するホールディング経営モデルとは、具体的にどういったものであろうか。そのコンセプトと具体的なスキームについて第2章で詳述していく。

第2章
矛盾をマネジメントする ホールディング経営

1 矛盾をマネジメントする——両利きの経営

「不易流行」という言葉がある。これは俳人松尾芭蕉が「奥の細道」の旅のなかで見いだした蕉風俳諧の理念の一つだ。

芭蕉は俳論『去来抄』のなかで不易流行について、「不易を知らざれば基立ちがたく、流行を知らざれば風新たならず」と記している。いつの時代も変わらない本質を見極めなければ（俳句の）基本は身につかないが、時代の変化に応じた新しさを知らないと革新は生まれない、という意である。俳句の世界でいえば、明治時代に入り正岡子規がそれを体現したといえるだろう。子規はそれまでの俳諧についての見識を深めながらも、日本の短詩型の変革を志し、その価値観を再編成してその後の系列の源流をなしたといわれる。

一方、企業マネジメントの世界においても、この「不易流行」という原理原則はそのまま当てはまる。創業者の哲学に近い経営理念という思想を不易なものとして受け継ぎながら、次代の経営者は新たなビジネスモデルを打ち出して革新していかなければならない。これは企業が長期的に存続する条件といってよいだろう。

ところで、この「不易流行」という概念は「変えてはいけないもの」と「変えなければいけないもの」という対極にある両者を同時に追い求めていかなければならないという点において矛盾の構造にある。そういう観点で見れば、経営そのものが矛盾に満ちているといえるだろう。

例えば、短期業績主義と長期的ビジョンという矛盾。ほかにも、専門性の強化と総合力の発揮、マーケットインの発想とプロダクトアウトの志向などが挙げられよう。今の時流でいえば、長時間労働の是正と業績向上も対極の関係にあるといえるかもしれない。このように経営の現場は矛盾だらけであるが、言い換えれば、経営者やマネジャーの仕事は矛盾をマネジメントすることであり、そのストレスから解放されることはないだろう。

このとき注意しなければならないのは、矛盾を安易に解消しようとしないことである。この安易に、というのは「低い次元で、短絡的に」と言い換えることができる。例えば、業績が悪いからと短期的な受注の獲得に走りすぎると腰を据えた大きな戦略は描きにくくなるし、マーケットイン発想が大事だといって顧客ニーズに愚直に向き合いすぎると、顧客の要望に振り回されて自社の付加価値が阻害されかねない。矛盾というのは、安易に割り切って片方に寄ってしまうと対極にある大切な何かが失われ、全体のバランスが取れなくなるものである。短気は損気であるといえよう。矛盾をマネジメントするためには短絡的な対立の構図として捉えず、その全体像を見据え対極にあるものを両立させるようにデザインすることが大切なのである。

さらにいえば、より大きな器のなかに矛盾の構図そのものを包み込むことが求められるのだ。それがホールディング経営モデルの目指すイメージである。

本書で提唱するホールディング経営モデルのコンセプトは、「**一貫した理念を受け継ぎながら、環境適応のスピード経営を実現する不易流行体制**」をつくることにある。つまり、一貫した理念という不易の価値判断基準はホールディングカンパニー（ＨＤＣ）が継承し、環境適応のスピード経営という流行の領域はＨＤＣの傘下で展開する事業会社が受け持つという構図となるのである。ＨＤＣと事業会社で対極にある概念を機能分化し、それぞれの役割を全うすることで全体バランスを取りながら、持続的な成長を目指していくのだ。

また、ホールディング経営モデルの重要なコンセプトの一つに「所有と経営の分離」がある。第1章ではファミリーで継承する傾向が弱まり、社員の内部昇格や外部招へいによる経営者登用が増加している点を指摘した。企業が成長するためには持続的な業績向上が求められ、現場経験が豊富で判断力があり、社員の士気を高められる人材を経営者に登用すべきであろう。ファミリーに限らず、社員や社外など幅広いチャネルを持つことが重要であるといえる。しかしながら、ファミリー以外の経営者はあくまで有限責任であり、所有まで最終責任を持つことは稀《まれ》である。所有はファミリーで継続していくほうが創業からの理念や伝統を継承できるし、社員の立場から見ても安心感、安定感がある。この所有と経営も、矛盾の構図にあるといえよう。

ホールディング経営モデルでは、ＨＤＣをファミリーが継承してオーナーシップという位置づけで経営の土台を支え、事業会社は事業経験が豊富な社内外の人材を登用して企業を成長させていくフォーメーションを取ることが肝になるのである。

ホールディング経営モデルへの移行を決断する経営者は、「多くの社長を残したい」という動機を持つ場合が多い。ここでいう社長は、社員からの内部昇格である。これまで育てた幹部社員を経営者として育て上げて後を任せるほか、「当社は頑張れば社長になれる」というメッセージを発信することで積極的な若手・中堅社員のモチベーションを高め、新卒および中途採用にも効果を発揮しようとするのだ。社員から経営者を登用した場合、事業部長や取締役よりも大きな権限を委譲し、一つの事業会社を自律的に経営させることになるが、一方で複数の事業会社が自由な判断で経営をすればバラバラになって組織が空中分解してしまうリスクが高まる。そこで内部統制を強化してグループの枠組みから逸脱しないマネジメントをしていく必要性も生じてくる。この「自律経営」と「内部統制」も矛盾の構図であるが、ホールディング経営の枠組みでは前者を事業会社が担い、後者をＨＤＣに機能させる役割分担をすることが有効なのである。

余談であるが、この「矛盾をマネジメントする」という考え方は近年、世界の最先端をいく経営学者の間でも重要な論点になっている。『世界の経営学者はいま何を考えているのか』（英治出版）の著者である入山章栄氏（早稲田大学ビジネススクール准教授）によれば、世界の経営学の先端で、今、最も研究されているイノベーション理論の基礎は「両利きの経営」であるという。両利きの経営とは、「知の探索」と「知の深化」について高い次元でバランスを取る経営のことを指す。「知の探索」とは、知と知を組み合わせることで新しいビジネスモデルや商品・サービスを生み出していくことをいい、「知の深化」とは、収益を生み出すためにその知を継続して深めていくことをいう。一般に多くの企業が短期的な収益を上げるために「知の深化」に傾きがちであるが、それではやがて行き詰まり競争力が低下するため、「知の探索」もバランスよく取り組んでいかなければならないのである。

第1章では成長を阻害する要因として、「営業」と「製造」の対立構造について触れた。組織における機能は互いに利害が対立する構図、言い換えれば「あっちを立てれば、こっちが立たない」関係性にあるといえる。しかしながら、経営者の立場から俯瞰してみればその対立構造は幼稚な喧嘩にしか見えず、もっと高い次元の共通目標があれば互いに協力することができるはずである。

筆者が経営コンサルティングを行っていて、近年つくづく思うのは、何か一つのことに専門特化して価値を上げる時代は終わったのではないか、ということである。むしろその専門性と他の専門性を両立させて新たな価値を生む「デザイン力」や「総合力」がより求められてきていると実感する。ホールディング経営モデルは、マネジメントにおける数々の矛盾を包み込む、これまでよりも概念の大きな組織戦略の枠組みなのである。単なる流行とか、あるいは節税対策などに終始することなく、その本質を理解し持続的成長というベクトルのなかでダイナミックに、かつ総合的に取り組むべきものであろう。

2 持続的な成長をコミットする――経営における勇気・根気・和気

ある会社の事業承継対策を議論していて、ホールディング経営への移行を意思決定できなかったというジレンマに陥ったことがある。

その会社は創業三〇年のファミリービジネスである。兄弟で創業し、兄が会長、弟が社長として役割分担をしながらこれまで継ぎ目なく成長してきた。いまや、その地域では誰でも知っている会社としてブランド価値が高い。経営の実権はほぼすべて弟の社長に任されていたが、その社長が事業承継後の次世代経営体制としてホールディング化したいと言い出した。だが具体的なスキームの検討は後継者に委ねられ、そこから議論が展開する。後継者は会長の長男に決まっていたが、次男と、現社長の三人の子息も、皆同社の幹部として経営に携わっていたため、ファミリー後継者候補のこの五人でディスカッションすることとなったのである。

ホールディング経営への移行に関して論点になったのは、同社で展開している三つの事業部をそれぞれ分社化して独立させるかどうかであった。社長の腹案であったが、これについては意見が分かれた。賛成派の主張は、それぞれが独立して切磋琢磨しながら成長していこうというものだったが、反対派はバラバラになると連携が取れず競争力が阻害されるリスクを嫌気した。それぞれの言い分は正論であるため、こういった場合いくら議論を重ねてもその平行線が交わることはない。最終的に社長が意思決定すべきだったが、その社長もついには判断を保留したため、結局はホールディング体制への移行は延期という結論になってしまったのである。

このディスカッションを振り返ってみると、彼らは現状の体制をベースに「分社化したらどうなるか」という視点で議論していたことが反省点として挙げられる。「会社をどう成長させていくのか」という視点が欠けていたのである。そのため分社化することのデメリットが気になり、また現状では事業会社の社長を任せられる人材がいないということもあって、最後まで意思決定ができなかったのだ。

つまりは、ビジョンが欠落していたのである。

◇

前項ではホールディング経営のコンセプトとして「一貫した理念を受け継ぎながら、環境適応のスピード経営を実現する不易流行体制」を掲げた。不易流行など対極にある事象を両立させて際立たせるには、より大きな枠組みが必要であり、それをホールディング経営モデルが実現させるということである。

これに加え、もう一つ外してはならない視点がある。

それは、**「将来にわたる持続的な成長をコミットすること」**だ。前者が静的な枠組みであるとしたら、後者は動的なダイナミズムであるといえる。ホールディング経営モデルは、複数の事業会社の上にホールディングカンパニー（ＨＤＣ）を置くグループ組織であり、その事業会社の構成は、時代に応じてフレキシブルに変えることができる。見方を変えれば、**建て増し可能な戦略モデル**であり、不易の理念さえ変えなければ際限なく変化し、成長していくことができるのだ。そのメリットを追求することなくホールディング経営モデルを設計しても、それは夢のあるビジョンとはいい難い。グループ内ベンチャーやＭ＆Ａ戦略なども織り交ぜ、グループ全体でどう成長していくべきかを描くことがホールディング経営の醍醐味であるといえるだろう。もっといえば、そういうビジョンや思いがなければ、そもそも決断することさえできないのである。

また、経営にはバランス感覚が求められる。前項で示したような相矛盾し、対極にある事象を両立させていくためにもバランス感覚は大切である。そしてバランスを保つためには前に進む推進力が必要となる。推進力が止まった瞬間、企業は自転車のように倒れてしまうだろう。

ソフトバンクが二〇〇八年にボーダフォンを買収し携帯電話事業に乗り出したときのエピソードがある。このときソフトバンクは四期連続の赤字と低迷期であった。いつ潰れてもおかしくなかったと言っても過言ではないだろう。これに対しボーダフォンの買収価額は一兆七〇〇〇億円。当然ながらほかの役員は反対する。当時の財務責任者も身を挺して止めたという。「わが社は自転車操業だ」と。

それに対し孫正義社長は、「自転車はなあ、全力で漕げば倒れないんだよ」と、平然と言ってのけたという。その後の二〇一四年、ソフトバンクは携帯電話事業を主力に売上高が一兆円を突破し、やがてはNTTドコモを抜いて日本一のキャリアになったことは有名である。

経営は勇気・根気・和気であるという。「勇気」とは成長するためにリスクを取ることである。ヒト・モノ・カネといった経営資源の投下配分そのものを決める、つまり、戦略的な判断をするのが勇気の領域である。投資や撤退など資源配分を大きく変える決定にはリスクがつきものであり、成長するためには避けて通れない判断といえる。「根気」とは配分された経営資源を使って収益性や生産性を高める次元である。現状の陣容でいかに前年比増の実績を残すかという発想である。「和気」は文字通り、職場の風土を活性化させることであり、働きやすい、働きがいのある会社にして社員のモチベーションを高めていく領域だ。

日本の企業は戦略の弱さを指摘されることが多い。つまりは「勇気」が不足しているのだ。高度経済成長期には多くの企業が世界の頂点を目指して汗をかき、ついにはトップに躍り出たが、その成長プロセスにおいても「根気」の要素が強かったのではないかと思われる。中堅・中小企業においても、大手の系列や下請けで伸びてきたビジネスモデルが多く、戦略が弱くても、あるいは戦略がなくても、大手企業の伸びに連動して業容を拡大することができた。だが、根気の経営の弱点は環境に左右されやすいところにある。経営環境が上向きであれば業績もよいが、逆風となるとすぐに悪化する。事実、経済成長が鈍化した「失われた二〇年」において、多くの中堅・中小企業が伸び悩んでいたのである。

「ポスト二〇二〇」を控え、第三世代の経営は「勇気」の経営を実現することで、経営環境の良し悪しにかかわらず持続的に成長していかなければならない。ホールディング経営モデルにおいてもHDCがグループ全体の事業ポートフォリオを最適化して、総合力で成長していくことが求められる。また、ある事業に投資するにしても、自社資源を投下するのか、M&Aで競争力を高める時間を買うのか、それともアライアンスモデルでシナジーを生むのか、そういった判断が求められる。あるいは不採算事業であれば事業ポートフォリオから外す、つまりは撤退という苦渋の決断を強いられる場面もあるだろう。このようにHDCにおいては勇気ある戦略判断機能を強化し、時流に合わせてフレキシブルに変化へ対応しながら成長していくことをコミットしなければならないのだ。そうでなければ、ホールディング経営モデルは早晩〝形骸化〟していくであろう。

3 ホールディング経営を成功させる五つの原理原則

本章では、ホールディング経営における基本的な考え方とその原理原則を導き出そうとしている。

これまで「一貫した理念を受け継ぎながら、環境適応のスピード経営を実現する不易流行体制」という基本コンセプトと、「将来にわたる持続的な成長をコミットする」という本質的な目的について述べた。成熟経済において成長が滞りがちな中堅・中小企業においては、社内の矛盾の構図が露呈しがちであるため、さらに成長するという志を持ち、より大きな組織の枠組みを描いて総合的に取り組んでいこうとするものである。

ホールディング経営モデルとは、シンプルにいえばグループ全体を統括するホールディングカンパニー（ＨＤＣ）の傘下に複数の事業会社が連なる構図であるが、その形をつくれば自動的に動くというものではない。形をつくっても魂を入れなければ組織は有機的な生命体として機能しないのである。

そこで、ホールディング経営モデルの構築における五つの原理原則を掲げる。これは、これまで筆者が数々のホールディング経営モデルづくりのコンサルティングを実践してきた経験から帰納的に導き出したものである。必ずしもこの通りにつくらなければならないものではないが、基本的な概念としてまずは参考に値するものと考えている。

原理原則　その1　グループ全体の理念や基本方針を明文化し、それに基づいたガバナンス体制を構築する

HDCの傘下に連なる事業会社は、環境適応のスピード経営を実践していかなければならないが、一方で、グループ全体で創業時から受け継がれてきた理念や信用力・ブランドを軸とした経営を踏襲していくことも求められる。軸がなければ各事業会社がバラバラの方向を向いてしまい、バランス感覚を失って、グループ全体としてのシナジー効果を生まなくなるのである。この理念・基本方針をマネジメントし、次代へ承継していくことがHDCの役割となる。

HDCではまずグループ全体の理念を練り上げ（あるいは再定義し）、それを基本方針やグループ組織規定に落とし込む。そして各事業会社の権限・責任を明確にした上で、それらに基づ

くガバナンス体制を築くことが重要である。不易流行における〝不易〟の承継がＨＤＣの責務となるのである。

原理原則　その２

ホールディングカンパニーは〝手を離して、目を離さない〟経営に徹し、事業活動の負担を背負わない

一方、〝流行〟を担う事業会社は、各社の事業戦略の策定・推進や業績マネジメント、社員がいきいきと働くための環境づくりなど、事業を執行する役割を持つ。この場合においてＨＤＣの位置づけは、あくまでグループ全体の戦略策定と各事業会社の内部統制であり、各事業会社の事業執行における判断に介入したり、一部の機能を担うべきではない。ＨＤＣが事業執行の判断をすれば、事業会社がその部分をＨＤＣに依存する関係性を生み、結果的に自律経営を阻むことになろう。

ＨＤＣは〝手を離して、目を離さない〟スタンスを取り、大所高所から事業会社の自律経営を育んでいかなければならないのである。

原理原則 その3
「一社一事業」の原則を貫き、シンプルで分かりやすいマーケット直結の収益構造とする

事業会社の社長が経営上の意思決定を単独で行うためには、可能な限り「一社につき一事業で完結する形」としなければならない。例えば、製造と営業のように機能を切り口とした分社化は、単独で完結した意思決定ができない。この場合、製造会社の経営者にとっての顧客は営業会社であり、真の顧客のほうを向いた経営とはならない。つまり、内向きの経営スタイルであるため、本来の目的を達成しないのだ。また複数の事業を一つの法人に含めることも、その経営者の能力の分散につながるため適切であるとはいえない。

ここでいう一事業とは、「ビジネスモデルとして完結する収益単位」を意味する。各事業が顧客と密着し、そのニーズを捉えた戦略判断をしていくことが権限委譲の目的である。そのために、各事業会社の売上高は顧客からの収入でなくてはならない。

事業会社の社長は徹底的に顧客と向き合い、顧客価値に基づいた戦略判断を行っていかなければならず、そのためにもシンプルで誰が見ても分かりやすい分社構造を築いていかなければならないのだ。

原理原則　その4

新たな事業経営者には過去の経営成績に対する責任・リスクを負わせない

ホールディング経営における事業会社は、いわばグループ内ベンチャーであり、その事業会社を担う事業経営者にはベンチャー企業経営者のようなチャレンジ精神が求められよう。

この目的に沿えば、過去の経営結果である財産・債務は足かせ以外の何ものでもない。財産の保全責任や債務弁済責任などを新たな事業経営者に負わせると、「消極的な守りの経営」となって過去の延長線上でしか手を打てなくなるかもしれない。過去の責任やリスクから解放し、「財産・債務を持たざる経営」としてスタートすることで、打った手の成果が決算書上で明確になる。創業からの歴史が浅いベンチャー企業の決算書は損益計算書が中心で、事業収益およびキャッシュフローの最大化を目指すことに注力し、貸借対照表における財産・債務はほとんど持たないのが特徴である。

ホールディング経営モデルにおいても、ＨＤＣがファイナンスセンターとしてグループ全体の財産・債務を集中コントロールして効率よく管理し、事業会社はプロフィットセンターとして営業キャッシュフローの最大化をミッションとする機能分化を図っていくことが望ましい。

この場合、事業会社の責務は一定額の利益配当をＨＤＣにコミットすることである。その配当はグループの再投資原資であり、それをもってグループの持続的成長に貢献することとなる。

原理原則 その5 的確な価値判断で意思決定できる事業会社の経営者を多く育成し、可能な限りの権限委譲を行う

ホールディング経営モデルの目的の一つに「権限委譲によるスピード経営の実現」がある。そのため事業会社の経営者はグループ全体の理念やビジョン・戦略に基づき、現状の顧客ニーズやマーケット環境の変化、経営実態に即した戦略判断ができるよう、その価値判断基準を高めておく必要がある。

最終的には、グループ内でそういったレベルの経営者を多く輩出し、一事業における戦略判断は即時即決で対応し、意思決定していくことが望まれる。そして、そのための権限委譲が欠かせないのである。

日本の中堅・中小企業には「勇気」が足りず「根気」強いとは先に指摘した通りである。その意味では、この原則が中堅・中小企業にとって最も悩ましい課題になるかもしれない。ホールディング経営体制という形を構築しても、事業経営者が育たなくては本末転倒であり、「形つくって魂入らず」という状態に陥ってしまう。幹部育成は企業にとっての永遠のテーマであるが、多くの経営者をつくるという究極の目的に向けて、幹部教育のあり方についても抜本的に

見直すべきときに来ているといえるだろう。

成熟した中堅・中小企業にとって、ホールディング経営に向けた組織再編はとてつもなく大きな改革となる。そのゴールまでの道のりは長く、かつ全社的・抜本的な枠組みの変更であるため、その手順も複雑さを極めることが必至である。その長いプロセスにおいては、ホールディング化そのものが目的となってしまうことも多く、判断に迷いを生じることもある。そのようなときには、常に原点に立ち返ることが必要であり、その意味でホールディング経営の原点となるコンセプトと原理原則を定めておくことは極めて重要といえる。

ただ、ホールディング経営の形態は各社各様であり、現実的にはこうした原理原則に一〇〇%適った組織というものはあり得ないかもしれない。しかしながら、全社員の共通目線として原点となる考え方を確立しておくことが、組織改革にあたる経営者の責務であるといえよう。

4 ホールディング経営における組織・財務構造

ホールディング経営モデルの原理原則を明確にしたら、次はそれを具体的な形としてデザイ

図表8　ホールディング経営における組織構造

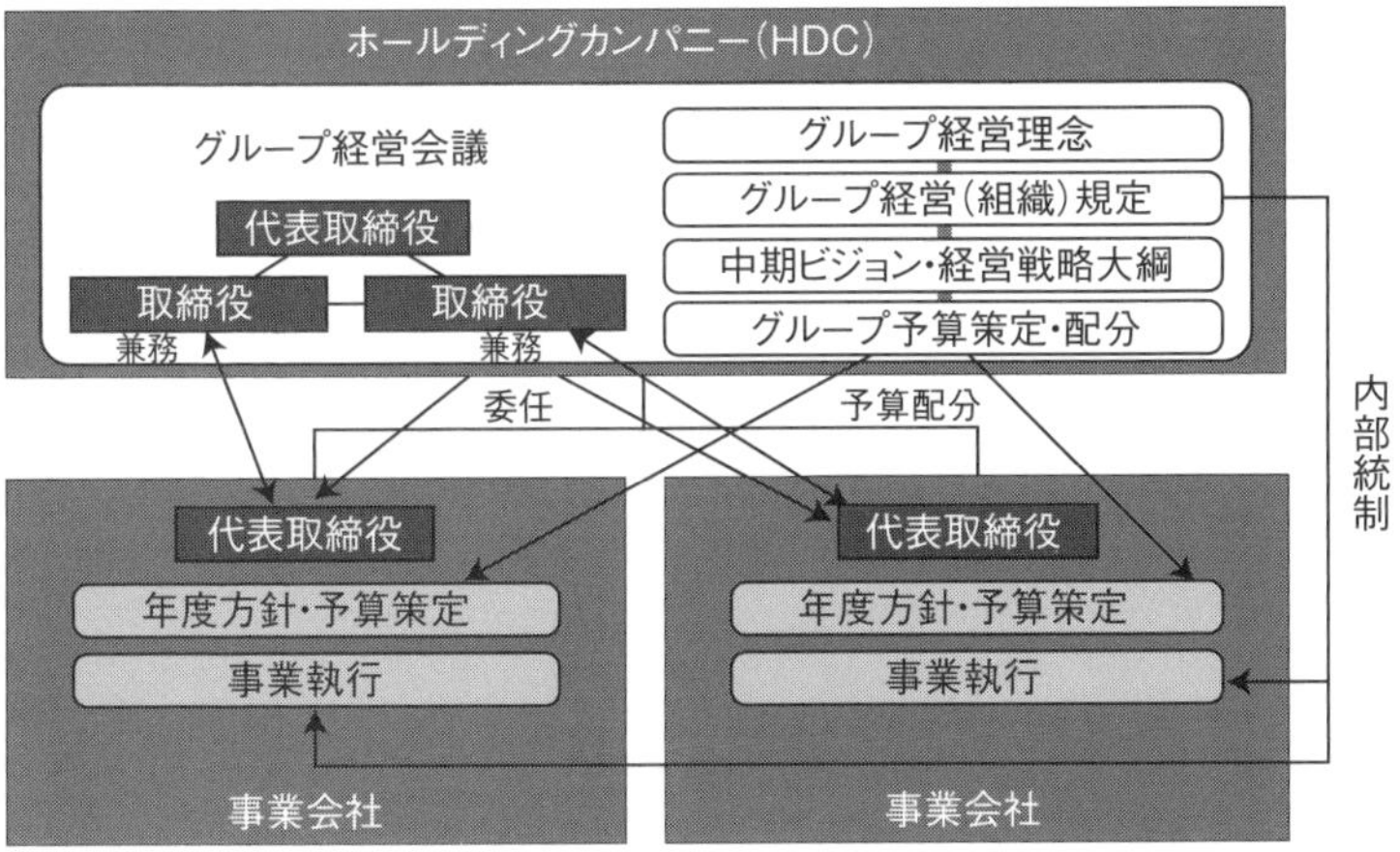

ンしてみることが大切である。頭の中で漠然とイメージするだけでは物事は具現化されずに前に進まない。ここでは、先に述べた原理原則に沿ってホールディング経営の組織構造と財務構造の基本形を示しておく。

❖ホールディング経営における組織構造

ホールディング経営における組織づくりの目的は、「**多くの経営者を輩出し、顧客ニーズに対してスピーディーに意思決定できる権限委譲体制を敷く**」ことにある。

権限委譲体制を考える前提として、まずはホールディングカンパニー（ＨＤＣ）と事業会社の大枠の機能分化を決めておく必要がある（図表8）。シンプルにいえば、**ＨＤＣは戦略を意思決定する機能**であり、**事業会社は決定された**

戦略を執行するオペレーション機能である。先に経営の勇気・根気・和気について触れたが、これに即していえば、ＨＤＣが「勇気」の戦略判断を司り、事業会社は「根気」のマネジメントをするということになろう。そういう線引きをしてしまうと、事業会社の経営者には「勇気」の判断力は不要であり、前述した《原理原則　その5》と矛盾すると思われるかもしれない。ただ、事業会社の社長はあくまでオーナー経営者ではないという点において有限責任であるため、その責任以上の権限を与えられないという制約条件があることも事実だ。このため、事業会社の社長は事業執行における責任と権限を持ちつつも、一方でＨＤＣの取締役としてグループ全体の戦略判断に関わるというバランスを取るのが望ましいだろう。

ＨＤＣにおけるグループ戦略上の最高意思決定機関は取締役会となるが、このとき事業会社の各社長がＨＤＣの取締役も兼務することで、その取締役会を〝グループ会社の社長会議〟とする。社長同士が協議した上でグループの方向性を決定していく流れをつくるのである。ただし事業会社の社長が必ずしもＨＤＣの取締役を兼務しなければならないというわけでもない。あえて兼務させないようなケースもあり得るだろう。兼務しない事業会社社長は、いわゆる「執行役員社長」として専ら事業のオペレーションに専念するという位置づけとなる。事業会社の責任範囲の大きさや経営者の能力に応じて柔軟に設計していけばよいのである。

ＨＤＣの取締役会で決めることはグループ戦略であるが、より具体的には3～5年おきに中期ビジョンと中期経営計画を示し、それを年度単位のグループ方針や予算としてブレークダウンしていく。そのなかに経営資源であるヒト・モノ・カネの投下配分の意思決定が含まれることはいうまでもない。さらには、グループ組織全体に関わる規定類の策定とその改廃もHDCの機能となる。また、各事業会社が、策定した方針や予算、制定したルールなどから逸脱した経営をしていないかどうか〝目を離さず〟モニタリングする内部統制も重要な機能だ。内部統制は非公開のファミリービジネスにおいてはおろそかになりがちであるが、ホールディング経営モデルのような分権型組織においては、その重要性が増してくるのである。

HDCがグループ経営の大枠を意思決定するのに対し、一事業ごとに独立した事業会社はそれを各事業単位の事業戦略に落とし込み、さらには年度方針や予算に展開してPDCAを回していく。その方針や予算内であれば事業の執行権限、つまり日常の意思決定はその経営者に委譲されるというのが原則である。事業会社の経営者は、その組織を活性化し、生産性を最大化して予算を達成することが責務となるのである。

❖ホールディング経営における財務構造

ホールディング経営における財務構造のコンセプトは**「ファイナンスとプロフィットを機能分化させること」**にある**（図表9）**。

図表9　ホールディング経営における財務構造

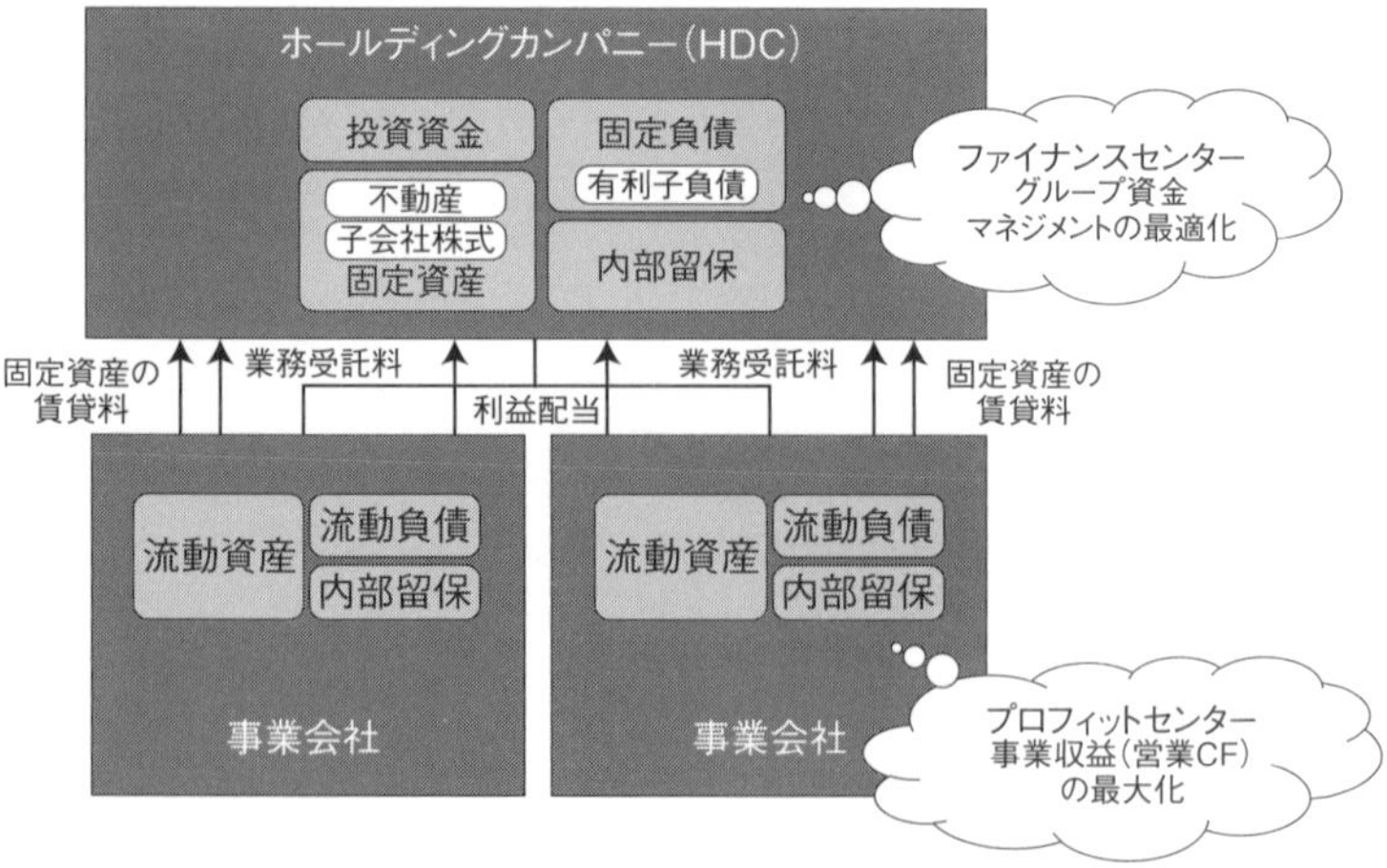

ファイナンス機能とは資本の調達と運用のことであり、これはグループ全体の経営資源配分の領域であるためＨＤＣに集約して一元管理するのが望ましい。一方、プロフィット機能とは事業収益を最大化させるためのマネジメントであり、事業会社の責務とする。言い換えれば、ＨＤＣがＢ／Ｓ（貸借対照表）に責任を持つのに対し、事業会社はＰ／Ｌ（損益計算書）に責任を持つということである。ホールディング経営の《原理原則　その４》に「新たな事業経営者には過去の経営成績に対する責任・リスクを負わせない」と示したが、ここでいう過去の責任とはＢ／Ｓのことを指す。Ｂ／Ｓは会社の創業からの歴史であるといえるが、その歴史のなかで蓄積された財産債務はＨＤＣで継承するのが本来の責務であろう。ＨＤＣはグループの最終責任

を負う存在であるが、それは財務リスクを負うのと同義なのである。一方、事業会社は年度単位の収益力を最大化していくことがミッションである。そして、その約束手形としてＨＤＣに対し配当金をコミットする。言い換えれば、事業会社はコミットした配当をすればその責任を果たしたこととなり、財産債務に関するリスクや責任は担わないようにする。

続いてＨＤＣのＢ／Ｓについて基本型を示す。その資産構成は主に不動産や投資有価証券、子会社株式（事業会社の株式）を中心とした固定資産にグループ内再投資資金としての現金預金を加えたものとなる。また負債に関してはグループの資金調達機能を集約することから有利子負債を中心とした構成になる。

またＨＤＣの収益構造であるが、その収益源は大きく、**「事業会社からの利益配当」「不動産賃貸料」「経営管理機能の業務受託料」**の三つとなるのが基本型となる。一つ目の「事業会社からの利益配当」については、右に述べた通り収益最大化のミッションを担う事業会社からのコミットを得ることがポイントである。厳しくいえばコミットした配当ができなければ事業会社に対し経営責任を追及する性質のものとなるだろう。二つ目の「不動産賃貸料」は、ＨＤＣが所有する不動産を事業会社に賃貸することで得られる固定収入である。本社ビルや工場、営業拠点などを自社所有する場合はＨＤＣで所有することが望ましいといえる。三つ目の「経営管理機能の業務受託料」は、事業会社の総務・人事・経理業務など間接業務をＨＤＣが受託して一括請負する場合に得られる収入である。これら間接業務は複数の事業会社がそれぞれ行うとそれに見合った人員投入などの固定費が発生するため、通常はＨＤＣがシェアードサービス機能として代行する。間接部門の人員はＨＤＣに所属し、人件費などの固定費に一定の料率を掛けて事業会社に請求するのが一般的である。この料率は人材派遣を雇った場合に派遣会社に払うフィーのそれを上限に考えると妥当性が高いだろう。

このようにＨＤＣの収益源は原則として外部からの収入源を持たず、すべて内部取引で組み立てることが基本となる。特に《原理原則　その２》に照らし、事業収益の一部をＨＤＣで受け取らないように設計することが肝となる。

事業会社のミッションは収益の最大化であり、利益責任として配当をコミットすると述べたが、そのＢ／Ｓでは営業取引上で発生する売上債権や棚卸資産、仕入債務なども管理対象となる。また運転資金も一定量はキャッシュとして確保しておく必要がある。このため、厳密にはＰ／Ｌ上の利益だけではなく、運転資金の増減も加味した「営業キャッシュフロー」も管理しなければならない。言い換えれば**「営業キャッシュフロー」の最大化が事業会社社長に課せられる真のミッション**となるのである。

5 自社株対策は目的に非ず

事業承継スキームとしてホールディング経営モデルを選択する企業が増えている背景については第1章で詳細に述べた。しかしながら、実際にはそれ以外にもっと現実的な目的がある。「自社株対策」である。

例えば、後継者が出資して新たに設立した会社が金融機関などから多額の資金調達を行い、その資金で先代経営者が保有する自社株を買い取るスキームがある。このとき、新たに設立した会社がホールディングカンパニー（ＨＤＣ）の位置づけになり、先代経営者が株を保有していた会社がその傘下の事業会社になる。シンプルなスキームであるが、そのメリットは、先代経営者から後継者への所有権の移転が一気に片付くことにある。先代経営者は、株を新会社（ＨＤＣ）に譲渡することで売買益に対し二〇％の譲渡所得税を納税しなければならないが、相続税や贈与税に比べたら軽い負担であるため、その差額にもメリットがあるといえる。

一方、このスキームのデメリットは、借入金負担というリスクが高まることと、その借入金で調達したキャッシュがダブつくことである。先代経営者がＨＤＣに売却する自社株の価値は数億円から数十億円になる場合もあり、その同額の借入金負担を後継者が代表を務めるＨＤＣに負わせることになってしまう。そして借入金により調達したキャッシュは先代経営者の個人財産となる。先代経営者からすれば、そのキャッシュはＩＰＯ（株式公開）における創業者利益のように当然手にするべき権利であるとの見方もできるかもしれないが、多くの場合においては公明正大に説明しづらい資金となるであろう。バランスが悪く、経営者の美意識として判断できない場合も多い。

事業承継において相続税対策は、オーナー経営者の頭を悩ませる大きな問題の一つであろう。相続税とは個人が所有する財産に課税されるが、オーナー経営者の場合は私財を経営資源として会社に投入して経営をしているため、その財産の大半を自社株が占めることになる。しかしながら非上場のオーナー企業であれば自社株の換金価値はなく、ただ税金のみが課税されるため、有効に節税対策を打っていく必要があるのだ。

また、自社株の評価額はその企業価値に比例するため、業績がよければよいほど、またその結果としての内部留保が多ければ多いほど高くなり納税負担も重くなる。ある意味では矛盾の構図にあるといえよう。しかもその負担はオーナー経営者個人に降りかかってくるため、経営課題として社内で対策を打つ、といった類のものではない。誰にも相談できず一人で頭を抱えているといった経営者も多い。

換金価値が低い自社株に相続税を課税する矛盾に対しては、国税も対応を取ってきている。「自社株の納税猶予制度」がそれである。現在の税制は個人に対する課税が厳しくなっている傾向があるが、オーナー経営者の相続税に関しては例外的に課税を猶予する向きにあるのだ。それだけ事業承継問題が日本経済に対して大きく影響を及ぼしているといえよう。この自社株の納税猶予制度は二〇〇八（平成二〇）年に創設されたが、当初は猶予の対象となる株の割合が制限されたり、雇用維持の縛りがあったりと制約条件が多く、経営者としてはリスクを感じることが多かった。このため、この一〇年で同制度を使ったケースはまだ少ない。しかしながら、二〇一八（平成三〇）年の税制改正では、そういった制約条件の多くが撤廃され、利用価値が高まっている。ファミリービジネスとして所有と経営を親族で継承することが決まっている会社にとっては朗報であろう。

この納税猶予制度を使えば、そもそも株価対策をする必要がなくなる。しかしながら、これは期間限定の時限立法であり、また右に述べたようにそのメリットは主に親族で所有と経営を継承することが決まっているオーナー企業に限定されている感が強い。第1章では親族間の継承が減少していると述べたが、所有と経営を分離するケースや将来的な組織再編などの可能性がある場合においては納税猶予に踏み切れないことも多いだろう。

本書ではホールディング経営モデルによる抜本的な節税対策としての自社株対策については触れない。しかしながら、事業承継における矛盾への対処、また経営資源の流出に対するリスクヘッジなどの観点から、その枠組みは示さなければならないだろう。税務における具体的な合法性と経済性の判断に関しては専門家である税理士の見解に委ねるが、ここでは自社株対策における原理原則的なコンセプトとその考え方を示しておく。

そのコンセプトとは、**「経営資源を保全する長期的かつ安定的な株価政策」**を実現することである。自社株にかかる税務対策は主に相続税、贈与税または譲渡所得税などいわゆる「資産税」と呼ばれるものの範疇であり、基本的には個人財産にまつわるマターとなる。しかしながらオーナー経営の場合、個人が私財を法人に投入し、または有利子負債に対して代表者が個人保証をしているケースもまだ多いため、個人と法人を一体で見るべきだろう。オーナー経営、すなわちファミリービジネスとはファミリーである個人がその経営に対して最終責任を持つことであり、株式会社の基本原理に謳われるような有限責任ではない。したがって「経営資源」には個人の財産も含まれると考えるのである。

企業が長期的に存続するということは、経済的側面から見れば「経営資源を末永く残す」ということである。経営資源の保全はオーナー経営者の責任であり、合理的・合法的な範疇であれば節税対策も決して後ろめたいものではない。

「長期的かつ安定的な株価政策」とは、言い換えれば、株価対策の効果を持続させることである。企業は持続的成長を目指すものであるが、それが株価の上昇を招き、税金の負担で経営資源の流出リスクが高まる矛盾の関係にある。ホールディング経営モデルにおける株価政策のポイントは、**「企業の成長と株価の上昇を切り離す」**ことにある。事業承継する対象が一つの法人であればその比例関係は抗いきれないが、ＨＤＣと事業会社の二つに分けることである程度の切り離し効果が出る。シンプルにいえば、ＨＤＣは事業活動をしないため、それ単体では必ずしも営利追求でなく、運営上の必要利益があればよいということになる。その収益・費用も固定化されるため、いったん収益構造を組み立てると利益も長期的に安定する。株価評価においても、利益に連動する部分はある程度、固定化できるのである。一方、事業会社は収益最大化をミッションとするため、その企業価値は持続的に上昇するべきであるが、ＨＤＣから見れば、それは子会社株式の評価額の上昇に直結する。しかしながら、ＨＤＣの株価評価上、子会社株式の評価益はダイレクトには反映されず一定の評価減がある。このため、株価が純資産で評価される場合であっても、事業会社の成長と株価の上昇を連動させないことができるのである。

一般に短期的に株価を下げる方法としては、役員退職金を使ったり、生命保険の活用などが見受けられる。これらの手法はキャッシュアウトを伴うものであり、効果も長期的に持続しない。ホールディング経営モデルにおける株価対策は、そういったキャッシュアウトをすることなく、グループ会社の資本関係を再構築することにより構造的に株価を抑制し、長期的に見てもその事業成長と連動しにくい形をつくることがポイントである。この資本関係の再構築も前述したコンセプトや原理原則に基づいて行うものであり、決して株価対策を主目的とするものではない。

自社株対策はＨＤＣの目的に非ず。企業が長期的に存続する枠組みとして、総合的なアプローチでさまざまな矛盾を両立させていくのである。

◇

本章では、ホールディング経営モデルにおけるコンセプトと原理原則、またそれに基づいた組織・財務構造の基本型および自社株対策に取り組むスタンスについて述べてきた。これまでは総論であったが、次章以降で各論である事業戦略、組織戦略および財務・資本戦略、ならびに人材戦略について具体的に展開していく。

第3章
軸を据えポートフォリオで成長する
――グループ経営の成長戦略

1　何を軸に翼を広げるのか？

第3章ではホールディング経営における成長戦略について考える。

企業は外部環境のいかんにかかわらず、持続的に成長していかなければならない。また、長期的に存続するためには、時代に応じて段階的に進化を繰り返していく必要がある。外部環境は必ずしも追い風ではなく、むしろ「ポスト二〇二〇」に逆風が吹くと想定すべきだろう。そのような悲観的な想定のもとでも成長するビジネスモデルを構築すべきであることはすでに述べた。成熟期を迎えたマーケットにおいては、成長期のビジネスモデルは通用しない。言い換えれば、既存のビジネスモデルにいくら経営資源を追加投入しても成長には限界がある。既存のビジネスモデルと他の既存モデルなどを組み合わせることで、より大きな枠組みのビジネスフレームを構築し、新たな価値を創出していかなければならないのだ。それが**「事業ポートフォリオ戦略」**であり、これをホールディング経営モデルで実現するのである。

この事業ポートフォリオ戦略は「多角化戦略」と言い換えることもできる。だが、この「多角化」という響きを好ましく思わない読者も多いだろう。過去、新規事業投資をして芽が出なかったとか、M&A戦略で失敗した苦い経験を持つ経営者などは、「自分が分からないことに手を出すと必ず失敗する。だから多角化はすべきではない」と否定的だ。しかし、この経営者の発言は、半分正しいが半分は間違っている。つまり「自分が分からないことに手を出すと失敗する」というのはその通りだと思うが、「だから多角化はすべきではない」というのは短絡的な割り切りにすぎない。筆者にいわせれば、これも矛盾のマネジメントの世界である。分からないことには手を出すべきでないが、多角化を推進しないと、これからの時代に企業成長はない。

矛盾は両立させなければならないのである。

新規事業やM&A投資に失敗した経営者は、既存の事業と接点のない、いわゆる「無関連多角化」に手を出してしまった場合が多い。例えば、建設業が農業に進出する、物流業がFCで飲食店事業を始めるなど、既存の事業との関連性が弱い多角化は失敗する可能性が高い。いや、成功する望みはほとんどないといってよいだろう。もともとノウハウなんてないし、事業を興すにあたって優秀な人材を専属で投入することもできないからである。

事業ポートフォリオ戦略は「無関連多角化」とは一線を画す概念である。その事業構成には必ずストーリーがある。そして、そのストーリーを構成するためには軸となるコンセプトが必要である。すなわちまず考えるべきは、そのコンセプトであり、何を軸にするかを定めなければならないのだ。その軸には、大きく**「自社の強み」「顧客」「理念・ミッション」**の三つがあるだろう。

❖自社の強みを軸とする

まずは「自社の強み」を多角化の軸とする戦略について考える。自社の強みは言い換えれば「差別化された競争優位性」であり、会計的にいえば限界利益（付加価値）にあたる部分である。この付加価値は自社が投下した経営資源（ヒト・モノ・カネ）によって生み出される。その強みを軸に既存のマーケット対応から他の新たなマーケットへと事業の幅を広げていくのである。既存のマーケットはもしかしたら将来的に縮小していくかもしれない。あるいは、技術革新により消滅してしまうかもしれない。今のうちから新たなマーケットを開拓し、そこで事業を興すか、新たなマーケットに対応している既存企業をM&Aで買収して自社の強みを展開することも有効であろう。

デジタルカメラという技術革新により印画紙やフィルムのマーケットが消滅したが、技術転用で新たな事業の柱を築いた富士フイルムホールディングスの事例はあまりにも有名である。当時の古森重隆社長は、デジタルカメラの普及により既存事業が撤退の危機を迎えるであろうことを予見し、実際その予測は的中した。古森社長の打った手は、印画紙・フィルムを製造する自社の固有技術を再評価し、その先進的かつ独自の技術力を基礎研究レベルから高めるため、研究開発部門に経営資源を惜しみなく投入することだった。当時の研究開発費は売上高の八%を占め、リーマン・ショック後の赤字に転落した年も減らすことはなかったという。その結果、化粧品をはじめまったく新たな分野の商品開発に成功し、その事業展開は文化・技術・産業の発展、健康増進、環境保全といった多方面にわたっている。

❖顧客を軸とする

次に「顧客」を軸とした事業展開について見ていく。中堅・中小企業のビジネスでは一定の顧客と長期的なリレーションシップを築いていることが多い。そしてその顧客ニーズに寄り添うようにして成長してきたといってよいだろう。顧客ニーズが多様化し、常に変化していることは本書でも繰り返し述べているが、その多様化するニーズに事業として本質的に、かつ、きめ細かいアプローチで対応することが戦略としても有効なのである。顧客の視点から見れば、「この企業に頼めば何でも対応してくれる」という安心感につながり、いわゆる「ワンストップビジネスモデル」としての事業価値が生まれる。この場合、自社で資源投下する事業をホールディング経営モデルで展開する一方、他社とのアライアンスの幅を広げることもまた必要となってくるであろう。

例えば、ヘルスケア分野には、「医療介護の地域包括ケア」というコンセプトがある。高齢化社会が進むなか、高齢者にとって最適な医療・介護を地域単位でコーディネートする必要性があり、地域の中核病院が医療・介護のワンストップモデルを展開するなどして対応している。病状を回復させるまでの「回復期医療」は病院で、その後自宅で療養する患者には「在宅医療」を、施設で療養すべき患者に対しては「慢性期医療」として特別養護老人ホームやグループホームを提供。その症状や段階に合った最適な医療・介護を地域の医療法人や社会福祉法人などがグループで展開するモデルである。

❖企業の理念・ミッションを軸とする

最後に「理念・ミッション」を軸とする事業展開についてであるが、第1章で紹介したカミチクホールディングスなどはこの典型モデルといってよいだろう。「地域の生産農家を再生したい」という経営者の理念を「六次化」というビジネスモデルで展開し、畜産業の競争力を高めることが狙いの一つになっている。

このように創業の理念を社会性に見いだし、それを自社の存在価値にして、その理念を実現する事業を展開していくことは企業本来の姿といえる。マイケル・E・ポーターの提唱するCSV（Creating Shared Value）戦略は、「社会的な課題を自社の強みで解決することで、企業の持続的な成長へとつなげていく差別化戦略」と定義づけされているが、このCSV戦略こそ理念・ミッションを軸に事業展開するビジネスモデルの形であるといえるのだ。

一九六二年に日本初の警備保障会社として創業したセコム（当時は日本警備保障）は、人的警備からいち早くオンラインサービスに切り替え、さらには「社会システム産業」として進化を続けた。今ではセキュリティーサービス事業をはじめ、防災事業、メディカルサービス事業、保健事業、情報通信事業などをグループ二〇〇社以上で展開するコングロマリット企業グループとなっている。同社には事業の憲法といわれる「運営基本一〇カ条」があり、その冒頭には「セコムは社業を通じ、社会に貢献する」と謳われている。常に社会の事象や方向性を凝視し、その変化に敏感であり続け、事業展開も社会に貢献するものでなくてはならないという。「安全文化を創造する」という同社の事業コンセプトは、どんなに規模が拡大してもブレることがない。いや、そのブレない軸があるからこそ、そしてその理念が強烈であるからこそ、積極的な事業展開が可能になるのだろう。

事業展開に軸があれば、「何のために」事業を広げるのかが明快に説明できる。それは一つのストーリーとなり、顧客にも社員にも分かりやすく伝わっていく。この「分かりやすさ」は戦略にとって最も必要な要素の一つである。事業展開が複雑になればなるほど逆に求められていくものであろう。先に述べた「無関連多角化」にはそれがない。ただ「儲けのために」という認識になりがちで、社員のモチベーションも上がらずパートナー企業の視線も冷ややかなものとなる。「分かりやすさ」を求めるには、何か確固たる軸が必要なのだ。

ホールディング経営モデルにおいては、その軸はホールディングカンパニー（ＨＤＣ）から打ち出される。そしてその傘下に連なる複数の事業会社が強みを水平展開し、多様化する顧客ニーズにスピード対応し、その理念を追求するために広く深く社会に関わっていく。また、本項で述べた三つの軸はそれぞれが独立したものではなく、相互に連関し影響を与え合うものである。そして、それらが一つのコンセプトに含まれ、高い次元で有機的に統合したとき、グループの事業競争力は最大限に発揮されるだろう。

富士フイルムホールディングスやセコムの事例はそれを教えてくれるのである。

2 戦略はなぜ社会性へと向かうのか？

近年、企業の「社会性」が強く求められている。経営戦略の歴史をたどると、個の顧客に対しモノを売る営業戦略から、顧客を複数の集合体、すなわち〝市場〟として捉えるマーケティング戦略へと進化してきたプロセスがある。そのマーケティング戦略の対象も環境マーケティング、ソーシャルマーケティングなどへと広がりを見せつつ変遷している。環境問題やコンプ

図表10　経営戦略の変遷

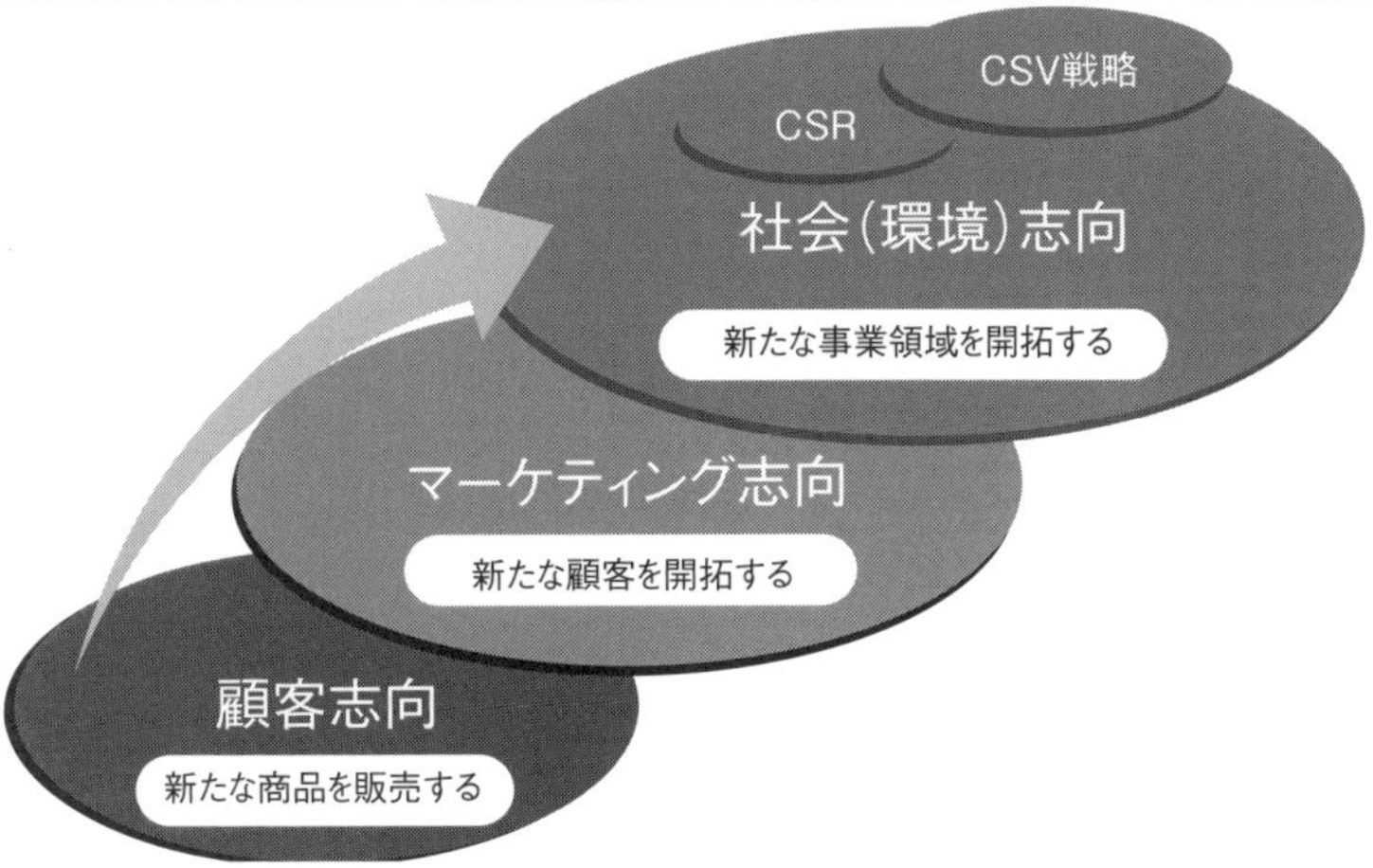

ライアンスの重要性が叫ばれるようになると企業の社会的責任（ＣＳＲ）が問われるようになり、さらに最近ではＣＳＲを超越する戦略概念としてマイケル・Ｅ・ポーターによるＣＳＶ（Creating Shared Value）戦略が提唱されるようになった（図表10）。ＣＳＶ戦略については前項でも少し触れたが、それは「社会貢献」と「収益性の追求」という矛盾を包含する、より高い次元の戦略概念であると筆者は捉えている。このように近年における経営戦略のキーワードは「社会性」にあるといってよいだろう。だが、ここである純粋な疑問が生じてくる。

企業の戦略は、なぜ「社会性」へと向かうのであろうか？

企業の戦略が「社会性」に向かうのは、シンプルにいえば、社会性という高い視点から現場を見つめ直すことで、これまでは気づかなかったマーケットの広がりが見え、新たなスキマやビジネスチャンスを発見できるからだ。地上からではなく上空から俯瞰的にマーケットを捉えるのである。今、地上では熾烈な競争が繰り広げられている。そこではコンペティターがひしめき、値引き合戦、サービス合戦が展開され、コンプライアンスから逸脱した企業は市場からの退場を突きつけられる〝サバイバルゲーム〟の様相すら呈している。短視眼では目の前の敵しか見えないが、視野を広くすることで大局を見通せるようになる。そのためには目線を高くする必要があるのだ。

　こういう言い方をすると、戦いに勝ち、収益性を最大化させることを目的とする合理的な考え方に聞こえるかもしれない。しかしながら、純粋に社会性を追求しようとするあまり収益性を度外視すると、それでは単なるボランティア活動になってしまうだろう。企業経営者を含めたビジネスパーソンは、社会性を追求しながらも、常に〝そろばん〟をはじいていなければ存在価値はない。利益を上げることは、その事業に再投資する原資を生み出すということであり、拡大再生産でさらに広範囲の社会貢献事業を展開できるということなのである。決して私欲を満たすだけではないのだ。

　前項では、事業ポートフォリオ戦略には「強み」「顧客」「理念・ミッション」の三つの軸が必要であると述べた。この三つの軸はそれぞれ**「付加価値」「顧客価値」「社会価値」**と言い換えることができる。そして、この三つの価値はそれぞれが方向性の違うベクトルではなく、実は一本の線の上に存在しているのだ。

三つの価値のうち、事業の起点となるのは「顧客価値」である。目の前の顧客のニーズに応えることから事業は始まるのだ。そして事業が拡大すると顧客は複数になり、その要求も多種多様になる。企業はそのすべての要求に応えることはできない。必然的にそのニーズの本質を追求するようになる。そのニーズの本質とはつまり、「真に世の中に必要なもの」であり、それに応えることで企業の「社会価値」が高まっていくのである。

しかしながら、すべての企業が顧客価値の本質に迫れるものではない。本質を追求することは事業展開のプロセスにおいて多大なエネルギーを必要とし、生産性を著しく阻害する場合が多い。そして多くの企業がその生産性の阻害を嫌気し、安易なレベルで顧客ニーズに妥協して効率重視のビジネスを展開する。それはいつしか業界の常識となり、定石といわれたりする。

それでも顧客価値の本質に迫り社会価値を実現できる企業は存在する。そういった企業は、ある意味〝業界の常識を覆す〟ため、ライバル他社や業界から反発を食らうことも多い。必然的にごく少数に絞られていくだろう。だが、逆にそれは希少価値として、顧客からの圧倒的な支持を受け、社会からも承認されることで、その企業独自の強みを形成していくものなのだ。つまり、**「顧客価値」を追求すると「社会価値」に突き抜け、それが企業固有の「付加価値」とな**

っていくのである。この三つの価値は相互に矛盾しないのだ。

◇

香川県さぬき市の郊外の田んぼのなかにその企業はある。『あゆみシューズ』という介護シューズでニッチトップを誇る徳武産業である。会長である十河孝男氏は二代目の経営者であり、創業者の娘婿にあたる。社長就任当時の事業は学童用シューズの縫製工場であったという。その後スリッパやルームシューズに展開を広げるが、下請け生産であり収益性も低かった。その後、元請け企業の方針転換により生産量が激減すると、「脱下請け」を掲げて、自ら自社ブランド製品の開発に乗り出す。『あゆみシューズ』はそういった経緯で誕生したのである。

十河会長は老人ホームなどを訪問して五〇〇人近くのユーザーの悩みを聞いて回った。そしてそのニーズを丁寧に商品に反映させていったのである。顧客のなかには左右の足のサイズが違う人も多く、会長は片方ずつ製造し販売することを決断する。しかし、当時の技術アドバイザーからは「日本中のどこを見渡してもそんなものをつくっている企業はない」と言って猛反対される。つまりは非常識であるというのだ。それでも会長は、それを押し切り左右サイズ違いのシューズの販売を展開した。また同社にはパーツオーダーという独自性の高いシステムがあり、顧客の個別の症状に合わせたシューズを受注生産している。

介護シューズはニッチマーケットであるが、同社は、そのなかで圧倒的なトップシェアを誇るに至った。いや、マーケットを自ら創造したといってよいだろう。また、顧客からも圧倒的な支持を受けている。顧客には誕生日プレゼントを贈っているといい、その数は年間三万を超える。商品に添える顧客へのアンケートハガキに対するリターン率も二％を超えるという。同社には今後『あゆみシューズ』を軸としながらも、糖尿病やリウマチに合うシューズを展開するというビジョンがある。「世のため、人のため」に尽力している企業といってよく、その軸をブレさせない限り、同社がさらなる成長を持続させることは疑いないだろう。

◇

同社の事例はホールディング経営モデルのものではないが、「顧客価値」「社会価値」「付加価値」が一本のベクトルの上で有機的に統合されているモデルとして紹介に値しよう。個別のニーズに応える真摯な姿勢が、高齢化が進む日本において社会価値の高い事業に進化し、それを突き詰めることで他社がマネのできないビジネスモデルを形成する。そして結果的に高い付加価値を得ているのだ。三つの価値のなかでも特に「社会価値」というものはテクニックで身につくものではない。顧客価値の本質を徹底して追求した結果、たどり着く領域なのである。

三つの価値をホールディング経営モデルに置き換えていえば、「社会価値」の領域はホールディングカンパニー（ＨＤＣ）が司ることになるだろう。理念やミッションは不易のものであり、世代が変わろうとも軸として受け継がれていかなければならないのだ。「顧客価値」は事業会社が追求するものである。ホールディング経営モデルにおける事業会社は、マーケットの最前線で戦略判断するのが役割である。そのニーズにきめ細かく、かつ、スピーディーに対応しながらも、その本質はＨＤＣと共有し社会価値へと昇華させていく必要もあるだろう。最後の「付加価値」は、社会価値と顧客価値が両立した結果、グループ全体で享受されるものである。収益性を追い求めるあまり、顧客価値や社会価値が置き去りにされると、その事業はやがて顧客から選ばれず、社会からも阻害されていくであろう。

長期的な存続を目指す企業は、この三つの価値を常に融合させなければならないのである。

3　M&A戦略に大義はあるか？

社会価値の目線が高ければ高いほど、そこから見える事業領域は広くなる。つまり、ビジネスチャンスが拡大するのだ。しかし、ビジネスチャンスは見つかっても、そこで自社の強みが生かせるとは限らない。強みは経営資源の投下により形成されるが、中堅・中小企業の経営資源には限りがあり、既存事業を成長させることで精一杯だからだ。新たな事業に割く資源など持っていないのが通常なのである。仮に新たな事業に自社のヒト・モノ・カネを投入してもノウハウがない。そもそもノウハウとは、経験の蓄積により、あるいはトライアンドエラーの積み重ねにより得られるものであるため、その構築には一定の時間を要するものだ。マーケットが多様化し、変化が激しい近年の経営環境においては、〝時間をかけること〟そのものがリスクとなり得るだろう。一から事業を始め、三～五年かけてやっとノウハウを確立しても、マーケットのニーズはさらに変化しているかもしれない。収益を生む前に陳腐化してしまいかねないのだ。

そんなジレンマを解決する戦略オプションがM＆Aである。M＆Aは「ノウハウを構築する時間を買う」戦略であるといわれる。すでに経営資源が投下され、一定の収益があり、保有しているノウハウが自社の戦略とマッチしていれば、その会社は投資に値するだろう。ただし、これは経済性から見た、極めてビジネスライクな価値判断基準といえる。実際、経済性による判断でM＆Aを実行したばかりに、その後社員が離反したり、想定したシナジー効果を得られなかったりという実例は枚挙に暇がない。では、我々はどのような考え方でM＆Aに取り組むべきであろうか。また、そもそもM＆A戦略に大義はあるのだろうか？

今、M&A市場は空前の活況を呈しているといってよいだろう。M&A斡旋会社の業績は〝うなぎ上り〟であり、その数も増加している。ある雑誌の調査では、社員の平均年収ランキングのトップ3をM&Aの斡旋会社が占めたこともあった。

この活況の背景には事業承継がある。第1章で述べたように、今、事業承継はピーク期を迎えているが、一方で後継者不足であることも深刻な問題だ。親族での承継が減少するなか、社員からの内部昇格による承継が増加していることは触れたが、社内にも後継者候補がいない場合、社外からの招へいやM&Aによる売却を考え始める。M&Aによる企業売却が増えているという事実は、後継者不足の事業承継において最後のカードを切る企業が増えていることを意味しているといえよう。

後継者不足によるM&Aが増加しているということは、買い手側企業にとってのリスクが比較的少なくなってきているともいえるだろう。一昔前までは傾いた企業を再建する目的で買収するケースが多かった。この場合、企業価値は低く中身が傷んでいるため、ターンアラウンドマネジャー（再生請負人）のような力のある人材を送り込む必要があった。しかしながら、企業の倒産件数はここ数年で減少しており、このような形態のM&Aはあまり見受けられなくなった。事業承継を機としたM&Aでは、「後継者がいない」という理由だけで売却されるケースも多く、固有技術を持ち、高い利益率と一定の内部留保を確保している企業も少なくない。そういった意味で、買い手企業にとっての戦略オプションであるM&Aは、積極的に検討するに値するといえるだろう。

では、企業がM&Aに取り組むスタンスはどうあるべきだろうか。今、一定の規模以上の中堅・中小企業であれば、金融機関や専門の斡旋会社から多くの売り情報が舞い込んでくる状況であろう。このようななかから投資に資する企業を選別する基準の第一ボタンは、**「自社の事業ポートフォリオを構成するビジネスモデルかどうか」**を検討することである。成熟期に成長する戦略は「事業ポートフォリオ戦略」であることはすでに述べた。M&Aで買収する企業もこのポートフォリオに組み込まれることが前提であることはいうまでもない。言い換えれば、M&Aそのものが目的ではなく、その前提に自社のビジョンに基づく事業ポートフォリオの構想がなければならないのだ。

また、事業ポートフォリオを構成する企業であっても、「即決で買収」というわけにはいかない。第二の選別基準として**「自社の経営資源（強み）として取り込むべきかどうか」**を考えなければならない。事業ポートフォリオを構成する企業は必ずしも自社資源でなければならないというものではない。戦略的なアライアンスパートナーという位置づけでビジネスモデルをつくることも選択肢となり得る。より幅広い顧客ニーズに対応するために必要なパートナーであっても、自社の強みとしては取り込まず、「業務提携」で契約上結びつくことも有効な戦略である。そのほうがリスクを抱え込まず、機動的に事業展開できるといえよう。

業務提携契約よりも関係性を強化する場合には、資本参加（出資）という方向性となる。出資をするということはその事業の成果に対してコミットするということであり、業務提携よりもリスクテークすることを意味する。また、議決権の過半数を取得すればその会社の役員人事権を得るため、より強いコミットをするということになる。完全に自社の経営資源として強みを取り込んでいこうとすれば、一〇〇％の子会社として買収するのがよいだろう。

一方で**「友好的M＆A」**というのも近年のキーワードの一つになっている。一昔前に流行した「敵対的買収」と対照をなす言葉である。M＆Aは人の集合体である組織を自社グループに取り込むことであるため、非常にデリケートな対応を要する。買収側の社員はその変化に対して不安を抱え、場合によっては離反するリスクも大きい。M＆Aは他社の経営資源を自社の強みとして取り込むことであるが、その最大の資源であるヒトの心をつかめず、モチベーションの低下を招くようでは本来の目的を達成することができないのだ。買収側の社員は、雇用こそ守られても、経営陣が変わり、経営方針が変わることに抵抗感を覚えるだろう。

最近のM＆Aでは買収後も現経営陣をしばらく続投させ、一部の役員を派遣するにとどめるケースが多い。そして役員定年など、その経営陣のしかるべきバトンタッチ時期において徐々に入れ替えていくのだ。経営方針を一方的に変えるようなこともせず、買収側と売却側との対等なパートナーシップにより、それぞれの強みを連携させた戦略を展開していくようなスタンスを取る傾向が強まっている。性急な改革は禁物であり、長期的な視点で互いの組織風土を徐々に変えていくスタンスが望ましいだろう。

◇

Ａグループは、Ａホールディングスを持ち株会社として、その傘下に電気機器商社、計装工事会社、情報システム会社を連ねる中堅企業グループである。三つの事業会社はそれぞれが独立したビジネスモデルで長年経営してきたが、事業承継を機にホールディング経営モデルにシフトした。Ａホールディングスは創業家がオーナーとして経営するも、三つの事業会社はそれぞれに生え抜きの経営者が登用され、いわゆる「所有と経営の分離」体制が敷かれている。

ホールディング化した目的は、グループ資源の再統合にあった。三社それぞれが創業家の資本であるにもかかわらず、相互の交流が少なく独立独歩でやってきたため、近年成長への限界を感じつつあった。事業承継を機に再編し、グループで新たなビジネスモデルを展開するという戦略を掲げたのだ。

事業会社は、三社とも大手メーカーやサブコンを顧客に持つ下請け的なビジネスモデルであったが、ホールディング化後は自らがユーザーを開拓し、元請けとなるモデルを模索した。「省エネビジネス」というのがその皮切りで、ビルオーナーに対し直接的に営業を仕掛け、グループの総合力で省エネ工事を受注しようというものである。電気機器商社が設備・機器を据え付け、計装工事会社が制御装置を設置し、情報システム会社がデータ解析をするという機能分化を図ったが、自社では施工できない工種も多数あった。そして、より総合的にワンストップで対応できるようにと、地域の工事会社をM&Aで買収し始めたのである。

最初に投資した会社は従業員二〇名足らずの中小企業である。後継者も不在であり、工事業という構造不況業種のため将来への不安も少なからずあった。そこへAグループからの打診があり、方向性と利害が一致したため、同社社長はAグループの傘下に入ることを決意した。Aホールディングスも投資後、性急に改革することはせず、最小限の役員を送り込むことで徐々にビジネスパートナーとしてベクトルを合わせていった。

Aホールディングスは今後もグループの発展のため、後継者不在の工事業者への投資を推進していきたいという。それは経済的なメリット以上に、構造不況業種といわれる工事業者との連携を通じ、相互に成長していきたいという思いの表れでもあるのだ。

◇

ホールディング経営モデルは、グループの成長に向けた「**建て増し可能な戦略モデル**」であるといえる。既存事業にとらわれることなく、そこに何をプラスアルファとしていくのかを自由に描くことができる。必要なのは事業ポートフォリオで実現しようとするビジョンである。M&Aはそれを迅速に実現させるための戦略として位置づけられよう。そのビジョンに大義があれば、そしてパートナーとなる企業がそれに共感するのであれば、手段としてのM&A戦略にも大義があるといえる。いや、そもそもそういう大義がなければM&Aは真の意味で成功しないのだろう。

4 グループシナジーを生み出す戦略プラットフォーム

事業ポートフォリオ戦略で成長するための要諦は、**シナジー効果**を生み出せるかどうかにある。シナジーとは、複数の事業を単純合算することではなく、事業を統合することでさらに大きな枠組みに進化させ、そのなかで新たな価値を生み出すことである。シナジー効果が発揮されるかどうかは、ホールディングカンパニー（HDC）における戦略機能をいかに構築するか、またその知恵にかかっているといえよう。

M&A投資だけで事業ポートフォリオを構成し、成長を続けているHDCがある。東京・日比谷に本社を置くヨシムラ・フード・ホールディングス（ＹＦＨＤ）がそれである。

◇

ＹＦＨＤは二〇〇八年に「中小企業の支援および活性化」を目的として創業した新興企業である。同年に業務用食材販売のミズホ（現・ヨシムラ・フード）およびシウマイ製造販売業の楽陽食品を譲り受けると、それを皮切りに後継者不在や民事再生の申し立てを行った中小食品企業などを次々にグループ内に組み入れていった。現在、ＹＦＨＤグループは一四社の中小食品企業で構成され、連結売上高で二〇〇億円超（二〇一八年二月期）の業容に成長している。また二〇一七年三月には東京証券取引所第一部へ上場するに至った。

ＹＦＨＤは食品フードビジネスという事業ドメインに絞って投資を続けている。現在、中小食品企業が直面している問題の一つに事業承継がある。この業界は事業環境そのものが成熟化しているなか、後継者不足とそれに伴う経営者の高齢化問題を抱えており、廃業する企業も相次いでいる。また、中小食品企業の中には優れた商品や技術を持っていても販路開拓が思うようにいかず、人材や資金が不足する中で事業縮小を余儀なくされているところが多い。ＹＦＨＤはそんな中小食品企業の強みを伸ばし、弱みを補う仕組みをつくるべく「中小企業支援プラットフォーム」を立ち上げたのである。

図表11　中小企業支援プラットフォーム

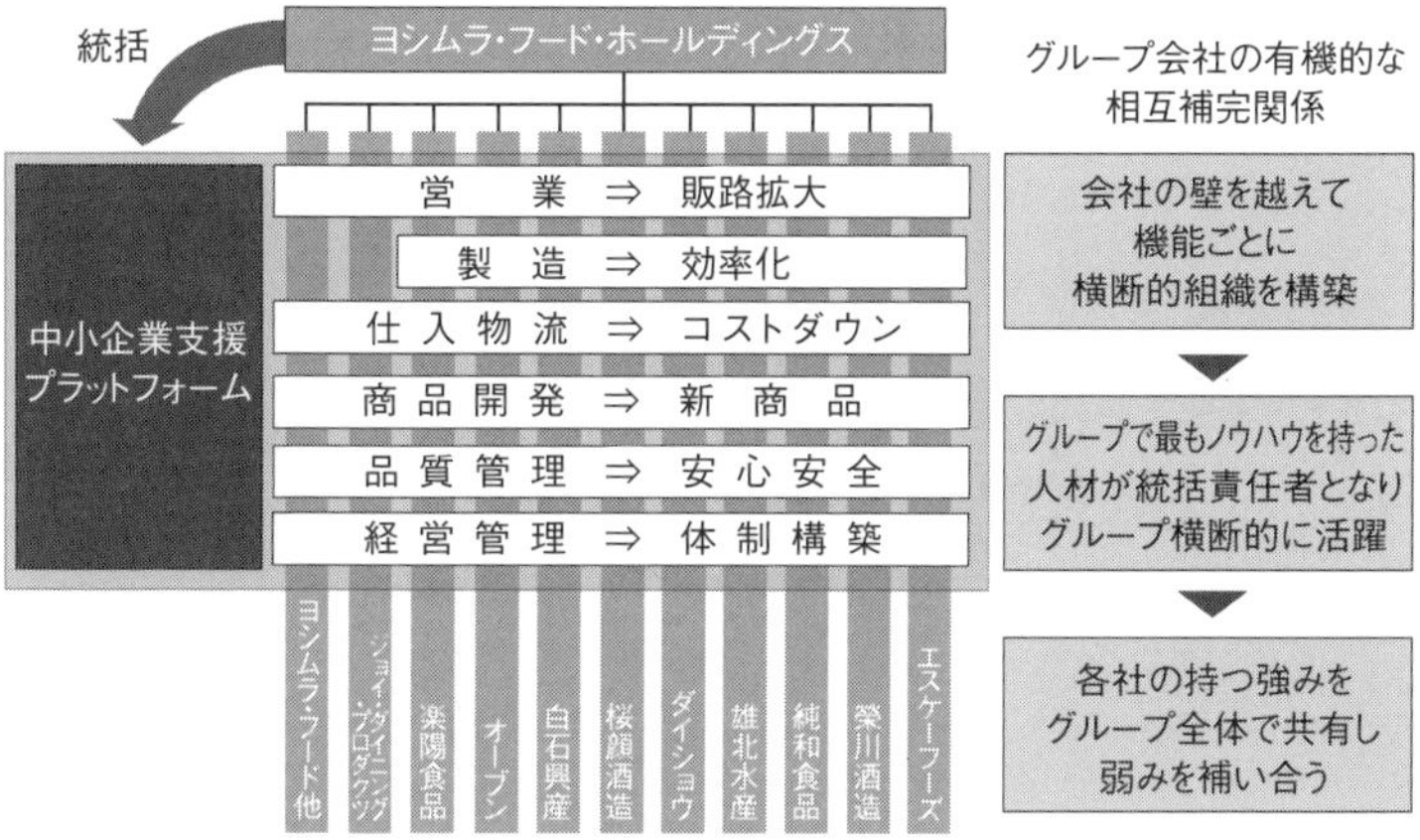

出典：YFHD決算資料より作成

中小企業支援プラットフォームが提供する機能は、①販路拡大、②製造効率化、③仕入物流コストダウン、④新商品開発、⑤品質管理強化、⑥経営管理充実の六つであり、すべてＨＤＣ内に置かれている。そして、これらの六機能が会社の壁を越えて横断的に機能し、一四社に及ぶ事業会社間を有機的に結びつけている。機能統合によりグループ全体の生産性は向上し、また、スケールメリットも発揮されるなど収益性も年々高まっているという。その成果は連結経常利益率三・二％という実績が物語っている。中小企業支援プラットフォームは、グループ経営における新たなビジネスモデルとして確立されたといえるのだ（**図表11**）。

証券マンの経歴を持つ創業者で同社ＣＥＯ（最高経営責任者）の吉村元久氏は、いわゆる食品ビジネスのプロフェッショナルではない。その卓越したビジネスモデルのコアといえる六つの機能の統括責任者は、事業会社の社員から抜擢して登用した人材ばかりである。

「私は食品ビジネスの素人であり、事業会社の優秀な人材を積極的に引き上げて適材適所で任せてきた。そうしたら自然と今の組織になった」と吉村氏は言う。共同代表を務めグループ全体のオペレーションを任せているCOO（最高執行責任者）北堀孝男氏も、創業当時にパートナーとなったミズホの代表取締役であった。優秀な人材は事業会社一社にとどめず、HDCに引き上げて複数社を横断的にマネジメントしてもらう。そうすることでその人材のモチベーションが高まり、能力がさらに開発されるのである。

YFHDのM&A戦略は極めて〝友好的〟なものといえる。短期的な収益性に目線を置いておらず、ましてや転売を目的としたものなどでもない。あくまで中長期の視点で取り組む姿勢であるため、事業継続を望む中小企業の株主や経営者は、安心して会社を任せることができるのである。事実、傘下に入った経営者は引き続きパートナーとしてマネジメントを任されている。また、その社員もモチベーション向上につながるため、安心して働くことができるだろう。吉村CEOが常に意識しているのは、社員が働きやすい環境づくりなのだ。また、同社のM&A情報リソースは地域の金融機関がメインである。M&Aの斡旋会社は情報を流すだけになってしまいがちで、その経営の実態を熟知していないのだという。吉村CEOは「後継者がいなくて悩んでいるなど、経営の実態をしっかりつかんでいる先が望ましい」と情報リソースの選別基準を明確にしている。ここにもＭ＆Ａをビジネスライクに終わらせず、ともに成長するパートナーを探している姿勢がうかがえる。

「自らは事業プロデューサーの役割に徹している」と吉村氏は語る。

「映画の製作に例えると、映画監督やキャストの決定、資金調達、配給の仕方などを企画管理するプロデューサーで、自らは監督したり、主演したりしない」

その眼差しは鋭く、創業者としてのオーラを放ちながらも、あくまで謙虚で裏方に徹する姿勢が印象的であった。

◇

ＹＦＨＤの事例は「事業ポートフォリオ戦略」で成長する究極のモデルといえるかもしれない。グループの代表である吉村氏が一般的な経営者と決定的に違うのは、「現場叩き上げではない」という点にあるだろう。「自らは事業プロデューサーに徹する」という立ち位置は、必然的に社員の自主性・自律性を育む組織風土を醸成する。組織の理想形は「自己組織化」であるといわれるが、「優秀な人材を適材適所で任せてきたら自然と今の組織になった」という吉村氏の発言からも、チームビルディングの本来のあり方を垣間見ることができるのだ。

そして、その背景には同社の高い「社会価値」がある。社会問題化する中小企業の事業承継に対し有効なソリューションを提供している点では、ある意味、ＣＳＶ（Creating Shared Value）戦略に通じるソーシャルビジネスといえるかもしれない。このため、一般に利害や感情が交錯するＭ＆Ａ戦略においても「大義」が生まれ、買収される側の経営者や社員も不安に駆られることなく、納得してグループに参加することができるのである。また同社のＭ＆Ａは買収だけでなく、比較的大きな会社に対しては株式交換でパートナーとしてグループに招き入れるなど、資本政策においても柔軟なスタンスを持っている。ベクトルが一致すれば規模の大小にかかわらず手を結んでいく姿勢は、今後際限なく成長する可能性を示唆しているだろう。

同社が打ち出すあらゆる施策は、その「社会価値」の軸と矛盾することがない。このためグループが有機的に結びつき、グループ社員の目線を高めることもできる。同社が連続増収増益の業績を維持しているのも必然といえるのだ。

ＹＦＨＤはＭ＆Ａ戦略のみで事業ポートフォリオを構築するという極端な事例であり、伝統的な中堅・中小企業の経営から見れば、これまでの常識を覆す「異端児」として映るかもしれない。だが、社会的な使命感を軸に、また、社員の自主性をエンジンにして成長していくその姿や、〝現場叩き上げ〟でなく、事業に投資して新たな価値をプロデュースしていくその発想と能力は、これからの時代の経営者にとって必要とされるところであり、見習うべきところも大きいといえるだろう。

5 投資基準と撤退基準を考える

ホールディング経営において常に最適な事業ポートフォリオを保つためには、それを構成する事業への投資または撤退をスピーディーに意思決定できる仕組みを整備しておかなければならない。そのためにはまず、投資基準や撤退基準を明確に定めておくことが有効である。オーナー経営の場合、投資戦略や撤退戦略は経営者天性の〝目利き力〟や使命感で意思決定されることが多い。しかしながら次世代の経営陣は明文化された基準がなければ判断できない。また、こういった基準はそもそもステレオタイプに決められるものではなく、その企業固有のノウハウとなるため、結論としてはオリジナルなものを明文化しておかなければならない。本項では投資および撤退基準について触れるが、それはあくまでもベースとなる共通の考え方として捉えておくべきであろう。

事業ポートフォリオ戦略の展開にあたって最も重要となる要素が**シナジー効果**であることは前項で述べた。シンプルにいえば、シナジー効果が得られない投資に意味はない。つまり、投資・撤退基準はシナジー効果が得られるかどうかが肝となるといえよう。

❖いかに付加価値を高めるか

シナジー効果が得られているかどうかは、その事業が生み出す「付加価値」をもって評価することができる。この「付加価値」は会計的には限界利益（小売業や卸売業の場合は粗利益とほぼ一致する）で表される。つまり、最適な事業ポートフォリオを構築する投資基準の第一ボタンは、その投資が**「グループ全体の付加価値（限界利益）を高めるものであるか」**ということになる。付加価値とは事業における差別的な競争優位性を測る尺度でもある。つまり、投資することによって事業競争力が高まっていくことが条件となるのである。

ある機械商社は、「顧客の要求する商材を世界中のネットワークを駆使して仕入れてくること」を商売の基本姿勢としていた。しかしながら、それでも世の中に存在しないものがあり、自ら工場を立ち上げて製造するということをやり遂げた。それを同社では「メーカー商社モデル」と呼んでいる。同社の「商社モデル」としての付加価値（限界利益）率は決算書ベースで約一五％。これだけでも同業他社（概ね一〇～一五％）と比べて優良水準ではあるが、明確に差別的競争優位性があるレベルとはいいきれない。一方、製造原価報告書から割り出した「メーカーモデル」としての付加価値は約七〇％である。世の中にない製品をオーダーメイドで製造しているため当然に高付加価値モデルとなる。そして商社モデルとメーカーモデルを加重平均した「メーカー商社モデル」の付加価値は約二〇％を誇る。これは同業他社の二倍近い付加価値率であり、明確に差別的競争優位性があるといってよいだろう。このように、事業ポートフォリオ戦略における事業投資は、連結ベースでの付加価値が飛躍的に高まることが重要なのである。

付加価値（限界利益）とは文字通り〝自社内で生み出された価値〟のことを指し、損益計算書の中核をなす概念である。損益計算書の構造を見ると、付加価値は売上高から変動費（仕入費や外注費）を引いたものであると同時に、利益に固定費（人件費や設備費）を足したものでもある。変動費とは、自らが付加価値を上げないものについて他社からの協力を得るための費用であり、これを「外部依存コスト」と呼ぶ。一方、固定費は、自社の付加価値を高めるための費用であり、その中身は人件費や設備費などの経営資源投入であることから「経営資源コスト」と呼べる。

つまり、付加価値を高めるための事業投資は大きく「外部依存コストを減らす」ための投資と、「自社の付加価値を高めるコストの投入」の二つに分けられる。右のメーカー商社モデルは新たに工場投資をしたことが高付加価値モデルにつながったため、後者の要素が強いといえるだろう。

仮に、小売業者がそのエリアを広げるために同業他社を買収するという事業投資をしたとしたら、それは主に外部依存コストを減らすための目的感が強いということができる。既存の小売業者のバイイングパワーに買収会社のそれも加わることから、より大きなスケールメリット（規模の経済性）を得ることができるからだ。近年、地域の中堅規模のスーパーマーケットが株式交換などにより系列化し、ホールディング化する傾向が見られる。複数の事業体による共同購買や物流機能統合などの外部依存コスト削減効果によりコスト競争力を高める狙いがあるといえよう。それが、巨大化する大手量販店への対抗策となり得るのだ。

❖投資額は回収期間で決定する

投資をしたら当然に回収をしなければならない。投資の判断基準はその回収期間も考慮に入れて考えるべきである。シンプルにいえば、**「その事業が将来生み出すキャッシュフローの何年で投資額を回収できるか」**が考え方のベースになるのである。

そのためにはまず、将来キャッシュフローを正確に測定しなければならない。M&Aで他社を買収する場合は、既存の事業が生み出す利益が決算書上で表されているため、比較的算段しやすい。その決算書から税引き後の経常利益を算出し、それに減価償却費などを加えれば簡易的なキャッシュフローが弾き出されよう。問題はその決算書そのものの信頼性と、その会社を自社グループに取り込んだ後の再現性にある。その精査にはある程度の〝目利き〟が必要である。通常は基本合意後に公認会計士などの専門家を入れてデューデリジェンス（投資先の価値やリスクなどを調査すること）をすることになるが、彼らは事業の目利きにおいて専門家とは限らないため、そのチームには自社内の事業部門からも人員を投入するべきである。その事業会社の社長になる人材が決まっている場合は、その者を参加させるのがよいだろう。M&Aなどの実務ではDCF法（ディスカウント・キャッシュフロー法。企業が将来にわたって生み出すキャッシュフローを現在価値に割り引いて企業価値を算出する）などの専門的知識を要し、日常ではあまり聞きなれない用語も多い。だが本質的にはその事業が将来どれだけのキャッシュフローを稼ぐのかを求めようとしている、と考えて差し支えない。専門用語の難解さに惑わされることなく、その事業の収益性を見極める探求心が求められるのだ。

正確とされる将来キャッシュフローが算定されたら、その何年分が投資額として妥当かを判断する。これは経営者にしか判断できないことである。例えば、設備集約型のメーカーなどに投資する場合は、主な既存設備の残存耐用年数によって決めるのが合理的であろう。言い換えれば、自社が次に再投資するまでの期間が投資額の最大値になる。もっとも、買収時点で修繕などの追加コストが発生する場合は、その投資額から控除されなければならない。

一方、買収する企業のソフト価値（例えば顧客基盤や人材など）に対して投資する場合、その企業価値評価は困難を極めるだろう。多分に主観の要素が入り、売却側オーナーとの提示金額にも大きな乖離を生じやすい。顧客基盤や人材が生み出す価値は流動的な要素が強く、不確実性が高いものであるため、投資側としてはそのリスクをシビアに捉えなければならない。キャッシュフローの三~五年分を目安に交渉を始めるのがよいだろう。

ただ、M&Aにおける企業価値に唯一無二の正解はない。結論としては、売り手と買い手の合意により決まる世界なのである。そういう意味で投資する側はその投資スタンスをしっかりと持っていなければならない。必要なのは財務的な知識ではなく、〝事業家としての目利き力〟ということになるのだ。

投資額は経営者自らが決めるべきものなのである。

❖撤退の判断基準

経営者が下す判断のなかで、撤退の判断ほど難しいものはない。歴史上、軍事的な戦略においても「撤退が一番難しい」と多くの有識者が語っているが、企業の戦略においてもその本質は同じである。士気が上がっている状態で前向きな投資をする場合は組織のベクトルを合わせやすいが、撤退を迫られている状況はその逆で、その判断が組織のバランスを壊すトリガーとなるリスクがあるからだ。その意味において、撤退は決して直感的に決断してはならない類のものである。ホールディング経営体制において事業を撤退するということは、事業会社社長の経営責任を問われることにもなる。その判断は、あらかじめ定められた基準のもとに下されるべきだろう。そして、事業会社の社長には、就任のときに伝えておくべきものでもあるのだ。

撤退基準そのものはシンプルにすべきだ。その目線は「**二期連続赤字は原則撤退**」である。通常の事業経営では、三期目の赤字を原則撤退とするのが定石とされる。新規事業の場合なら一期目の赤字は想定の範囲内、二期目の赤字は執行猶予期間となる。しかしながら、ホールディング経営における事業会社は黒字を条件に独立するべきものなので、一期目の赤字の必然性を考慮すること自体がナンセンスといえる。よりシビアに考えるべきなのだ。赤字を出したら一期目は執行を猶予して再建計画の提出を求め、二期目に黒字化できない場合は原則撤退とするのだ。

もっとも、撤退の手法には細心の配慮が必要であろう。事業会社を即廃業してはならない。まずはグループ経営における他の事業会社と統合する方法を考えるべきである。この場合の価値判断はまず、顧客に不義理にならないようにすることである。例えばメーカーが赤字の事業から撤退する際、その製品自体にまだ顧客ニーズがある場合は、その製品の生産からは撤退しても、商社機能を残し販売だけは継続するという方法も取れる。この場合、メーカーとしての付加価値は失われるが、顧客ニーズは充足されるため売上高は維持できる。また、固定費が大幅に削減されることで収益性が高まるということにもなる。いずれにしても一〇〇かゼロかという極端な判断は避けるべきであろう。M&Aで信頼できる他社に売却するという手法もある。この場合も極力、友好的な対応をしてくれる企業に任せるべきであり、社員に対して最大限の誠意ある対応を取るべきであることはいうまでもない。

第4章
経営者人材を育むためのグループ組織改革

1 事業承継は組織改革を決断するチャンス

組織は「生きもの」であるため、外部環境の変化に合わせて形を変えていかなければならない。また組織内部の体制も新陳代謝を繰り返していく必要がある。しかしながら、企業経営のなかで組織改革ほど機動的にできないものもないだろう。組織は人の集合体でできているため、そこにはさまざまな利害や思惑が交錯しているのだ。「組織は戦略に従う」というが、戦略を実現する理想的な布陣を描いても、そういった人の感情を無視して断行することはできない。そのとき、生命体としての大切な何かが失われてしまいかねないからだ。組織改革とはそのような難しさと向き合わなければならないのである。

一方、組織改革の目的は「社員の成長」にある。ワクワクするビジョンがあり、多くの社員にチャンスが与えられ、〝働きがい〟のある組織であれば、それが大義となるだろう。またタイミングも極めて大事な要素である。事業承継などの世代交代期は、エポックメイキングの一環として組織をリニューアルするのに絶好のタイミングといえるのだ。

ホールディング経営においては「頑張れば社長になれるチャンスがある組織」をつくること

がそのコンセプトとなる。そしてそれを名目に終わらせず、しっかりと権限委譲システムを確立させて、独立した事業会社が自律的に経営するための枠組みやルールを整備していくことが求められる。また与えられた権限と責任を全うし、グループを成長に導く経営者人材の育成も不可欠であろう。

第4章では、そういったことを考えていきたい。

◇

ある中堅商社では創業世代のころに「小集団独立採算制度」を取り入れた。いわゆる〝アメーバ経営〟である。取扱商品群ごとにチームをつくり、そのチームに、企画から仕入れ、商品管理、営業などの機能をすべて持たせ、リーダーが「ミニ社長」としてその商品に関する一切を取り仕切るのだ。このシステムによりリーダーの戦略性とマネジメント力が磨かれ、リーダーたちも前のめりになってチーム成績を伸ばした。創業世代においてはこれが原動力となって同社の成長を加速させていったのである。

しかしながら時が経過し、第二世代のころには、このシステムが機能しなくなる。外部環境の変化もあって業績は成長期から成熟期に移行しており、売上高は思うように伸びない。そうなると在庫が山積みになり、商品管理に手を取られるようになる。仕入れもチームごとに交渉するためスケールメリットが働きにくく、限界利益が圧迫された。また、本来時間をかけるべき商品企画や営業活動の時間が奪われ、販売成績も低下していった。いわゆる〝悪循環の構造〟に陥ってしまったのである。かつてのリーダーに見られたはつらつとした表情は見る影もなく、作業に追われストレスをとどめる一方であった。

そのような状況にありながら、経営サイドは組織をすぐには変えようとしなかった。創業者から受け継いだ考えを壊すことにためらいがあったからだ。社内から「組織改革を断行すべき」という意見も出始めたが、それ以上に反対派も多かった。しかしながら在庫がさらに逓増《ていぞう》し、それに伴って借入金も膨らみ、赤字転落の危機を迎えるとようやく社内の意見がまとまって組織にメスを入れる決断を下せたのだ。そして仕入れ機能を統合し、商品管理を含めた社内物流の効率化を図った。その結果、同社の在庫は徐々に削減され、それにつられるようにして売上げや利益も次第に回復していったのである。

◇

「組織改革は機動的にはできない」と述べたが、このために長年メスを入れずにいると、組織はやがて制度疲労を生じてくる。つまり本来求められる機能を果たせなくなるのだ。右のケースでは赤字転落という有事において社員の危機意識が高まり、組織改革を断行することができた。このように組織改革は平時に実行しづらく、有事にこそ決断される類のものなのである。かつての日本を見ても同様である。江戸時代は現代でいう「地方分権」の幕藩体制であったが、欧米列強による侵略という脅威がきっかけとなり、明治維新後に中央集権体制ができた。そのような脅威がなければ、徳川幕府が自らの手でその政治機構を変えることなどなかったはずである。

経営における有事は、赤字転落の危機や外圧による〝後ろ向き〟な脅威だけではないだろう。経営者の交代も大きな節目となり得る。〝前向き〟な組織改革はそのようなタイミングにこそ図るべきだろう。そういう意味において、事業承継で経営者および経営幹部の世代交代を迎える時期は絶好のチャンスであるといえるのだ。そして、その決断はトップダウンでしかできない。組織改革の目的は、社員の成長とモチベーションアップであるといって差し支えないが、その社員に意思決定を委ねると、最終的に合意形成が困難になるという矛盾がある。社員の意見を取り入れながらも、最終的にはトップが決断しなければならないのである。

ホールディング経営へのモデルチェンジを決断する際には、そのメリットとデメリットを十分に検証しておく必要があるだろう。ただしここで注意しなければならないのは、メリット・デメリットの検証は判断材料であって、決断とは次元の違うものであるということだ。仮に組織改革の意思決定を幹部社員に委ねたとする。このとき彼らは、そのメリット・デメリットを議論し判断を下そうとするだろう。だが、どんな組織改革であってもメリットもあればデメリットもある。そしてそれぞれの価値観で賛成派と反対派に分かれてしまう。こうなるとどこまでいっても議論は平行線で、意見を一致させることは困難である。ましてや多数決で決められるものでもない。議論を尽くしたら、最後は経営者の決断を待つしかないのだ。

このときの経営者の頭の中は、メリット・デメリットではなく、「やりたいか、やりたくないか」という発想のほうが強い。経営者の理念やミッションにメリットが合致していれば実行を決断する。その瞬間、デメリットは〝冒すべきリスク〟または〝克服すべき課題〟となる。「決断」というものの本質は、そのリスクや課題と向き合うことを「腹決め」することなのであろう。

組織構造におけるホールディング経営のメリット・デメリットは次のように整理できる。

【メリット】

1. 事業会社の権限委譲が仕組みによって確保され、自律性の高い経営ができる
2. 複数の「社長」が誕生し、社員からの登用が行いやすくなる
3. 事業会社はそれぞれの戦略に即した制度体系を構築できる
4. 事業会社ごとに異なったブランドを打ち出すことで、強みや企業イメージが明確になる

5. 経営と事業の分離で、ガバナンス機能が強化される

【デメリット】

1. 分社化してしまうと組織が硬直化し、その後の再編を機動的に行いづらい

2. 事業会社がそれぞれの意思決定により運営されるため、バラバラとなって一体感が生まれにくい(事業会社ごとのセクショナリズムが助長される)

3. 事業会社ごとに見れば「社格」が下がる場合もあり、企業イメージが少なからず変化する

シンプルにいえば、ホールディング経営の特徴は、**「複数の社長に権限委譲することで戦略の意思決定が迅速化できるが、半面、事業会社間のセクショナリズムを生じやすくバラバラになりやすい」**ということになる。つまりは、このメリットを最大限に生かし、かつデメリットを克服することがグループマネジメントの要諦となるのだ。そのためにはまず、ホールディングカンパニー(HDC)と事業会社それぞれの機能を明確にしておくことが重要となるだろう。では、それはどういったものだろうか。次項で確認していきたい。

2 ホールディングカンパニーと事業会社の機能分化

第2章では、ホールディングカンパニー（ＨＤＣ）はグループ戦略を意思決定する機能であり、事業会社は決定されたグループ戦略を執行するオペレーション機能であるという線引きを示した。言い換えればＨＤＣが「勇気」の戦略判断を司り、事業会社は「根気」のマネジメントを行うのである。

❖ＨＤＣはグループの司令塔であり管制塔である

ＨＤＣはいわばグループを持続的に成長させるための「司令塔」であり、また一方で、グループ方針やルールに準拠した経営を管理するための「管制塔」の機能を果たす。その戦略は常に中長期を見据え、管理する範囲はグループ全体に及ぶ。ＨＤＣにおいてグループをリードし、マネジメントする人材には「先見力」と「大局観」が求められるだろう。

その戦略上の最高意思決定機関となるのは、ＨＤＣの取締役会である。ＨＤＣの取締役は事業会社各社の社長からなるのが望ましい。その意味で、この取締役会は「グループ経営会議」

と言い換えてもよいだろう。代表取締役はそのなかから選出されるのが基本であるが、「所有と経営の分離」を目的としてホールディング体制を敷いている企業グループの場合、代表に創業オーナー家の後継者を置くことが多い。当然ながら最終責任者はＨＤＣの代表取締役となるが、ここではトップダウンの意思決定をすることは望ましくない。

「衆知独裁」という言葉がある。衆知とは多くの人の知恵を集めることを意味するが、ＨＤＣの取締役会では、文字通り事業会社社長の衆知による戦略を最後に代表取締役が決定するというスタイルを取ることが望ましい。この衆知独裁はいわゆる「合議制」とは異なる。合議制では会議メンバーの合意形成により意思決定をするプロセスをたどる。これは一見理想的な意思決定スタイルに思えるが、難しい判断や決断を要するテーマであればあるほど、合意形成には時間を要し、意思決定スピードの低下を招くリスクがある。

例えば数十億円規模の設備投資やＭ＆Ａ投資をする場合、そのリスクの大きさから必ず反対意見があがるだろう。このとき賛成派も反対派も正論で主張しているため議論は平行線をたどり、自然な成り行きで決まることはあり得ない。仮に意思決定に至るとしても、その要因が一方の声の大きさだったり権威による圧力だったりする。これでは健全な意思決定とはいい難いだろう。賛成派と反対派は論理よりも価値観の違いによって議論し始め、ときには感情的になったりもする。これに決着をつけるのは代表取締役である。最後はその企業の価値観である経営理念や本来のミッションに基づいて決断するのである。経営は民主主義では成り立たないのだ。

グループ経営会議の下部組織には「司令塔」と「管制塔」の両機能を置くのが基本形となる。「攻め」と「守り」といい直してもよいだろう。「攻め」とはグループの成長戦略を策定し、その実行をマネジメントする機能であり、一般的には「経営企画室」がこれを司る。グループ経営会議が戦略を議論し意思決定する機関であるのに対し、経営企画室はその素案をつくりグループ経営会議に付議する機関となる。経営企画室長がグループ経営会議の主催者になり、運営面からそのグリップを握るのが望ましい。この部門はいわゆる「企業参謀」であり、高い視点や豊富な知識・経験が求められることはいうまでもない。また専任体制とすることが望ましいだろう。経営企画室はあくまで間接機能、つまりは収益を稼がない機能であるため、多くの企業において専任体制とすることを躊躇《ためら》い、収益部門との兼務としたりする。しかしながらこの部門は常にグループ全体のバランスに配慮する必要があるため、そもそも一事業会社や一部門と兼務させることは適切でない。現実的な折り合いとしては、そのスタッフは兼務としても、責任者である経営企画室長だけは専任とすべきである。

一方、「守り」の部門として「管理本部」を置く。管理本部の機能は大きく「内部統制機能」と「シェアードサービス機能」から構成される。内部統制機能とはいわゆる「管制塔」の役割であり、グループ経営のルールやコンプライアンスからの逸脱がないかどうかをチェックする。そのルールの一つに決裁権限基準がある。ホールディング経営モデルにおける組織づくりの目的が「多くの経営者を輩出し、顧客ニーズに対してスピーディーに意思決定できる権限委譲体制を敷く」ことであることはすでに述べている。つまり、HDCの傘下に連なる事業会社はその事業において完結した意思決定ができるための権限が与えられ、自律的な経営をしていくことが望まれるが、その半面、グループ経営の枠組みの中で一定のルールを順守する義務を負い、そこから逸脱することは許されない。自律経営は自由な経営を意味するものではない。そうしないとグループとしての統制が取れず、空中分解してしまうことになるだろう。

内部統制はHDC内の管理本部が司るが、ここで〝本部格〟としているのは、ルールからの逸脱行為に対して、ある程度〝強い権限〟を発動すべきであることを意味している。しかしながら、ホールディング経営の目的はあくまで「権限委譲により意思決定を迅速化することで、変化するマーケットニーズに対応すること」であるため、管理本部の権限の強さが事業会社の経営者を萎縮させるようなことがあってはならない。ホールディング経営の原理原則に〝手を離して、目を離さない経営〟を掲げているが、管理本部のスタンスはあくまでも事業会社の自律性を尊重し、彼ら経営者が安心して判断ができるようにバックアップするスタンスを取るべきであろう。自律経営と内部統制という矛盾を、その目的に照らし、高度なレベルでバランスさせることが大切なのである。

管理本部のもう一つの機能である「シェアードサービス」とは、総務・人事や財務・経理など事業会社における間接機能を一括して請け負うものである。分割された事業会社は本来それぞれにおいて間接機能を必要とするが、各会社に間接人員を配置すると、グループ全体の人件費の肥大化を招いてしまう。現実の経営としては間接機能をHDC内で統合し、最小限のコストに抑えなければ収益のバランスが取れないのだ。ホールディング経営モデルの成り立ちには、もともと一つだった会社を複数の事業会社に分割する場合と、複数の事業会社を一つのグループに統合する場合がある。前者における間接人員は分割前後で変わることはないが、後者においては効率化により人員に余剰が出るのが通常である。この場合は余剰工数を内部監査などの内部統制業務に充てるのがよいだろう。

また、シェアードサービスの本質は業務品質を向上させることにある。グループ内とはいえ、HDCにおけるシェアードサービスは事業会社という他社に対して提供する役務であり、人件費という原価に対し一定の付加価値をのせて業務受託料を受け取るものである。文字通りその付加価値に見合った〝サービス〟を提供するべきであろう。例えば、事業会社の社員にとってより働きやすい職場環境を提供したり、業績管理面から収益向上のための提案をすることなどが挙げられる。一般に管理本部はコストセンターと認識されがちであるが、単なる業務代行ではなく、グループ外にも提供できるレベルの業務品質を備えることがその目線となるのである。

❖事業会社は方針・予算の策定と執行権限を持つ

ＨＤＣが「司令塔」および「管制塔」として中長期の視点でグループ全体を見渡しているのに対し、事業会社は単年度の視点で一つの事業に専門特化し、その範囲での一切の判断を任されるという位置づけになる。権限委譲システムの狙いは顧客やマーケットに近いところに戦略上の意思決定権を与えるところにあるため、事業会社社長は徹底的に顧客と向き合い、そのニーズをスピーディーに戦略に反映させて収益力を向上させなければならないのである。

では、事業会社の社長は具体的にどのような責任と権限を与えられるのか。

結論をいえば、それは企業グループごとの価値観の違いにより異なるため一概にはいえないということになるが、ここではホールディング経営モデルの成り立ちから原理原則的な考え方を示しておくのが有効であろう。これをベースに各社固有の価値観を加えてアレンジすればよいのである。

まず、それぞれの責任の範囲についてであるが、ＨＤＣはグループ全体の経営活動に対して最終責任を負う。最終責任とは創業から現在に至る経営活動のすべてに対するということで、言い換えれば「貸借対照表」に対して責任を有するのである。これに対し、事業会社は「損益計算書」に対する責任に限定されるといってよい。損益計算書は一定期間の経営成績であるため、事業会社社長が負うべき責任も一定期間内の有限責任ということになる。

ホールディング経営のマネジメントにおいて、事業会社社長はＨＤＣの取締役を兼務するため二つの責任を担っているといえる。つまり、グループ経営全体については連帯責任を担い、事業会社においては単独で一定の期間損益責任を負うのである。

マネジメントの流れを見ると、まずグループ経営全体ではＨＤＣの取締役会、すなわちグループ経営会議で中期ビジョンや経営計画を決定する。それは単年度のグループ経営方針と定量目標に展開され、さらに各事業会社の経営方針と年度予算にブレークされる。事業会社社長はＨＤＣの取締役としてグループ戦略の意思決定に関わるが、一方でそれを基に事業会社の年度方針・年度予算を策定する。その方針と予算はグループ経営会議での承認を得る必要があるが、いったん承認されれば、それに沿って具体的な実行計画を練って展開していけばよい。つまり、事業会社社長は自社の方針・予算の策定権限とそれを執行する権限を持っており、その範囲内であれば日常の意思決定は一切を任されるようになるのである。

❖人事権の線引きをどう考えるか？

経営者にとって重要な判断事項の一つに「人事」がある。事業会社社長はどこまでの人事権

図表12 HDCと事業会社の機能分化

HDC	グループを持続的に成長させる戦略判断と内部統制
事業会社	事業収益とキャッシュフロー最大化をミッションとする事業運営

	HDC	事業会社
①判断機能	●新規事業投資と撤退の判断	○事業運営の執行判断
	●資本的支出に該当する設備投資	○修繕に該当する設備投資
	●事業ポートフォリオの組み替え ●グループ再編（合併・分割等）	○マーチャンダイジング ○各機能別戦略（営業・生産・購買・開発など）
	●事業会社の役員・部長級（戦略人材）人事	○課長以下（オペレーショナル人材）の人事
②マネジメント機能	●グループ全体のビジョン・中期経営計画の策定	○事業会社の経営方針（単年度）の策定と進捗管理
	●グループ経営方針（単年度）骨子の策定	○予算管理（各社の予算策定と進捗管理）
	●連結決算ベースの予算統制	○重要経営指標に基づく業績先行管理
	●グループ経営規定の整備と統制 ●グループ資金マネジメント ●内部統制（方針・規定・モニタリング）	○オペレーショナル人材の育成

を与えられるべきであろうか。

事業会社の役員人事については、会社法上のルールをそのまま適用することができよう。取締役の選任および解任の権限は株主にあるが、事業会社の株主はＨＤＣであるため、ＨＤＣのグループ経営会議が事実上の株主総会となる。つまり、役員人事権はＨＤＣが握っているのだ。

執行役員以下、雇用契約で結ばれる社員の人事についてはどうか。事業会社単独の発想で考えれば、それは原則として事業会社の経営者に任せるべきであろう。そうしないと真の意味で事業の一切を任せるということにはならないからだ。だが、これには当然デメリットもある。事業会社の社長が社員の人事権をすべて掌握すれば、優秀な人材を抱え込んでしまうこととなり、グループの全体最適で見たときに戦力バランスを欠いてしまうことになりかねない。管理職以上の人材については、事業会社間での異動も適宜できるようにしておく必要があるといえる。このため一定の幹部人事については、事業会社の社長が起案しながらも、最終的にはグループ経営会議で決裁されるようにしたほうがよいだろう。

右の考え方に従ってＨＤＣと事業会社の意思決定権とマネジメントの範囲を整理すると**図表12**のようになろう。ＨＤＣは「グループを持続的に成長させる戦略判断と内部統制」を司り、中長期の目線でグループ全体をマネジメントの対象とする。これに対し事業会社は「収益とキャッシュフローの最大化をミッションとする事業執行」に権限を持ち、単年度の目線でＰＤＣＡを回していくのだ。

このようにホールディング経営における組織づくりの第一歩は、「ＨＤＣと事業会社の機能分担」を決めることである。本項で示した判断基準は唯一絶対のものではなく、実際には経営者の考え方によるところが大きい。逆にいえば、経営者の価値観や判断基準が顕著に反映される部分であり、これによってホールディング経営モデルの性格が決まるといってよい。この段階での設計については熟慮を重ねる必要があるだろう。

3 「一社一事業」の原則——循環構造をマネジメントする

年商二〇〇億円を超える資材商社B社のB社長(六八歳)には子がおらず、次世代経営体制として創業六〇周年を機にホールディング経営体制に移行することを決断した。B社長は二代目であるが、その社長の代で成長にドライブがかかり、一気に現在の業容まで拡大したため、実質的な創業者の感がある。ホールディング化を志向した直接的な理由は子がいないため「社員に継承していかなければならない」という事情はあったが、決断に至ったのは、もちろんそれだけの理由ではない。

同社は地場エリアでは圧倒的なトップシェアを誇ったが、全国的に市場が飽和しており群雄割拠の状態であるため、これ以上の越境は見込めない。今後は既存市場をさらに細分化して深耕する戦略を取らざるを得ないが、そのときに地場の営業所長ではなく、販売会社の社長としてより高次元の人脈を形成し、地元の財界に密着させようという発想から地域単位の分社化を志向したのだ。社長自身が地元財界でも名士であり、それがビジネスの拡大にも有効であったことから、その成功ノウハウを後継者世代にも追体験させたいという思いがあった。

「二〇〇億円を任せられる後継者はいないが、三〇億円、四〇億円なら任せてもよい人材は育ってきた」と、社長は言う。それも分社化してホールディング経営に踏み切る判断基準となった。より多くの社員に社長として経営を任せ、グループ全体で次世代以降も持続的に成長する。それが社長から次世代に託すビジョンなのである。

❖一社一事業の原則

ホールディング経営モデルを構築する際に、一つの会社を複数の事業会社に分割するケースは多い。その目的は、複数の事業会社社長により大きな責任と権限を与え、意思決定スピードを上げていくことである。では、どういった基準で会社を分割すれば、その目的にかなった効果が出るのだろうか。

その基本はホールディング経営の原理原則で示したように、「一社一事業」となるよう分割することである。事業単位で分割し、その事業については社長が単独で完結した意思決定ができるようにすることが重要である。

例えば、複数の会社で一事業を構成するような分社化を見かけることがある。メーカーにおける営業会社と製造会社という分け方が一例として挙げられる。また、開発部門と製造部門を別会社で経営しているケースもあるだろう。この場合の問題点は、事業会社の社長が事業のすべてを任せられていないために全体最適の判断ができないことである。会社間の利害調整に時間を要して意思決定が遅れたり、仕事の滞留が生じたりする。営業会社と製造会社の分割の場合はそれが過剰在庫となって顕在化することが多い。過剰在庫はセクショナリズムのバロメーターともいえ、営業会社、製造会社の双方がその責任を押しつけ合ったりする構図は想像に難くない。

事業のバリューチェーンを構成する営業、製造、開発、仕入れなどの機能は互いが有機的につながっており、全体で循環構造をなしている。言い換えれば、すべての機能がそろってはじめて一つの組織として機能することになるのだ。それを分断すれば社長は一貫した有機的な意思決定ができず、部門長的な目線でセクショナリズムの構図に陥ってしまうのである。

逆に、一つの会社に複数の事業が存在するケースもある。この場合は経営者の能力が分散してしまい事業競争力が高まりにくいという問題がある。例えば、ＢtoＢモデルの食品流通業が最終消費者へダイレクト販売して付加価値を上げる目的でＷｅｂ販売を立ち上げたり、外食店舗を出店したりするケースが見受けられる。この場合、最終消費者へのダイレクト販売はＢtoＣモデルであり、ＢtoＢの食品流通とは顧客ニーズも違えばノウハウも異なるため、一人の社長では見きれない。その社長のキャリアが食品流通であれば、Ｗｅｂ販売や外食店舗経営においては素人であるため、その戦略判断力も高まりにくいだろう。ＢtoＣモデルについては別組織として経験者をリーダーに登用するのが適切である。

❖売上げ規模は分割基準になるか？

一方で、分社化するためには一定の定量基準も必要であろう。分社化して一人の社長を置くということは、それなりの責任範囲の大きさがないと他のプロフィット部門責任者とのバランスが取れない場合がある。一つの事業会社に依存した子会社として分割するならこの限りではない。しかしながら、ホールディング経営モデルにおける事業会社は子会社という概念ではなく、独立した事業体としての存在感を備えていなければならない。その規模感は客観的な視点として売上高で認識されることが多い。グループ全体の規模から見たバランスもあるので一概に何億円以上と基準を設定できるものではないが、一般に一つの会社として世の中に認識されるためには10億円以上の売上げ規模は欲しいところであろう。

売上げ以上に絶対的な要件になるのは利益である。シンプルにいえば赤字の状態では独立した事業体とはいい難い。事業会社の責任は期間損益責任であると述べたが、利益が出ていない場合はそもそも、その責任を果たしていることにはならない。事業会社は十分な利益を上げ、その一部をホールディングカンパニー（ＨＤＣ）に配当してグループの成長に資する義務がある。赤字の事業部があれば、利益を出すことを独立の条件にすべきである。

また「企業は人なり」という言葉もある通り、社員の数も定量要件の一つになろう。売上げは立っているが役員しかいないような、いわゆる「ペーパーカンパニー」では独立した会社といえない。事業会社の社長はそこに在籍する社員を育成し、そのなかから次の経営者を育て上げることも求められる。ペーパーカンパニーの業績は人がつくるものではないため、それをHDC傘下の事業会社とするにはそもそも無理があるのである。

この考え方に基づき、組織を分割する基準を整理すると次のようになろう。

・**事業としての独立性があること**
・**概ね売上高一〇億円以上の事業規模を有すること**
・**十分な利益が確保されていること（赤字事業は不可）**
・**人的資源配分が充実していること**

また、「一社一事業」の原則の応用形として「エリア分社化」もよく見受けられるモデルである。広域で営業展開をしている商社や販売会社に見られるが、本項の冒頭で示したB社はまさにエリア分社化の手法を使った事例である。B社の場合、販売する商品は各事業会社で大きく異なることがない。つまり同一の事業をエリア単位で展開していく戦略なのである。この場合マーチャンダイジング（商品政策）機能などはＨＤＣで握られることになるため、「事業会社が戦略的に見て独立したことにはならない」という見方もできる。

しかしながらＢ社社長は、事業戦略の肝であり、自社固有の強みを「地域における高次元の人脈形成」と明確に定義した。地域の財界に深く入り込み、事業にとって有益な情報を入手し、戦略レベルで顧客開拓していくには営業所長の立場では限界があると考えたのだ。社長の肩書があれば、訪問する企業で対応する相手も社長レベルになる。そこで交わされる商談は「何をいくらで」という物売りレベルの利害交渉ではなく、「どういう事業をどう展開するか」という経営方針レベルの合意形成となる。このようにエリアに深く入り込み、そのニーズに迅速に対応することがエリア分社化を実行する目的となったのである。そして、そのノウハウはＢ社社長自らが経験してきたことであったのだ。

◇

「組織は生きもの」である。このため組織を分割する際は、その命が失われないようにしなければならない。これが分割基準の根底にある考え方である。そう考えると手や足を分断する手法などは論外であることが分かるだろう。解剖されて部位が分断された生物は、その後一つに縫い合わせても息を吹き返すことはない。また企業として、〝健康な成人〟であることも独立するための必要条件になろう。利益が十分に出る健全な体質であるということと、一定の量的な成長が求められるということだ。どんな組織にも命や魂が宿っており、それを失わないように、いや、むしろそれらをより活性化させるために切り取ってあげることが大切なのだ。事業体としては、少なくとも直接部門を構成する各機能がバリューチェーンとして一つの輪でつながり、一貫したコンセプトを軸にヒト・モノ・カネという経営資源が血液のごとく循環していることが望まれるのである。事業会社社長は、その**循環構造をマネジメントする**のだといってよいだろう。

4 マネジャーとリーダーを両立させる

ホールディング経営の組織構造をつくっても、事業会社に社長がいなければ意味をなさない。「仏つくって魂入れず」の状態であるといえよう。ホールディングカンパニー（ＨＤＣ）も含めすべての事業会社を一人の社長が経営しているというケースを見かけることは多い。だが、スタート段階ではよいとしても、グループ内から事業会社の「経営者人材」を育て、その社長に事業を任せない限り本当の意味で体制が整ったとはいえないのである。

図表13　マネジャーとリーダー

	リーダー（先導者）	マネジャー（管理者）
発想	"答え"のない解を求める	"答え"がある解を求める
役割	道を切り拓く（目的地を決める）	目的地に向けて道を走らせる
戦略	ビジョン・方針の策定	計画・予算の策定
組織	人心の統合	組織編制と人員配置
教育	動機づけ	統制と問題解決

一方で、経営者人材は一朝一夕には育たない。ホールディング経営体制の外形そのものは短期間で完成するが、経営者人材の育成はより長期的な時間軸で取り組まなければならない。短くて三年、長ければ一〇年以上はかかるだろう。

中堅・中小企業において幹部教育に力を入れていないところはない。しかしながら、本書でいう経営者人材育成は、単なる幹部教育ではない。幹部には「マネジャー」としての役割と「リーダー」としての役割が求められる。これまで多くの中堅・中小企業はマネジャー育成に力を入れてきた感があるといってよい。しかしながら、ホールディング経営体制における経営者人材育成は、マネジャー人材に加えて、リーダー人材を育成することに主眼を置くべきである。

マネジャーとリーダー。この二つは相矛盾する概念となるが、経営者人材はこれらを両立させる高い能力を持っていることが望まれるのである。では、それぞれの特性はどのようなものであろうか（図表13）。

❖マネジャーに求められる価値判断力

マネジャーとは、つまり「管理者」である。管理する対象は、人、ルール、業績、方針など多岐にわたる。あるべき姿や決められた方向性に対し、常に的確な現状認識をしながら、正しく状況判断することが求められる。マネジャー育成の肝は、「正しく判断する能力を養うこと」といってよいだろう。正しく判断するためには、その人なりの価値判断基準がなければならない。借り物の価値判断基準では説得力に欠け、他人の意見（場合によっては部下の意見）に左右されてしまうからだ。

物事には常に二面性があり、しかもその両方とも重要であるというケースがほとんどだろう。このとき安易に割り切って一方の側面で判断すると、すぐに他方から反対意見が飛んでくる。それを権力で押さえつけるのは簡単であるが、それでは真の問題解決にはならない。マネジャーはそれらの意見の真ん中に自らの価値判断基準の軸を据え、誰もが納得する判断を下さなければならないのだ。

では、誰もが納得する価値判断基準はどうやって得られるのか。そのカギは「本質に迫ること」にある。本質とは「頭で理解する」ものではなく、「体で覚える」感覚といってよい。本を読んだだけでは分からないし、表面的な理解でも得られない。本質に迫る唯一の方法は、仮説と検証のアプローチである。言い換えれば、熟慮と経験の繰り返しである。ここでいう経験とは、自らが考えてチャレンジしたことに限定される。指示されたことやモノマネでは有効な経験とはいえない。

まず成果を出すために何をするのかを考える。つまり仮説を持つことである。次に、それをチームで実行する。経験不足であれば最初は失敗に終わるかもしれない。しかしその失敗から学び、再度チャレンジする。それを繰り返し、あきらめなければやがて成功する。成功した段階で、当初立てた仮説や失敗経験はすべて「成功の原理原則」になる。あきらめてしまえばそれで終わりで、何の学びも得られない。「このやり方はダメだ」と割り切ってレッテルを貼ってしまい、その人の可能性を狭めてしまうのだ。逆に早い段階で成功してしまうことも、ある意味で不幸だ。ノウハウの蓄積が不十分であり、次にチャレンジしたときに再現性がなく失敗に終わることが多いのである。そういった原理原則を現場での実践を通じて体得していかなければならないのだ。

原理原則とともに成功体験を実感したとき、目の前が開けた感覚を味わうだろう。また、これまでに失敗したことが必然に思え、すべての事象が線でつながっているように見えるだろう。

それが本質にたどり着いた瞬間である。このとき、その人はマネジャーとして一つの段階を上がったといえる。その状態を得たらもうそれまでの段階に戻ることはない。自らの価値判断基準の軸も備わっており、間違った判断をすることもなくなるのだ。

この本質的な判断は平時ではなく、有事の際にこそ求められるだろう。上位下達の指示や決まりきったルーティンワークを回しているときの判断は、一定の知識と経験があれば誰でもできる。不測の事態や前代未聞の事故が生じたときなどにマネジャーとしての真の力量が問われる。高度なマネジメント能力とは有事の際にこそ発揮されるのである。

❖リーダーとしての成長過程

リーダーとは、文字通り「先導者」である。マネジャーが決められた方向性の中で判断を下す役割であるのに対し、リーダーは方向性そのものを決めることが求められる。その発想もマネジャーは演繹的・論理的だが、リーダーのそれは帰納的・直感的なものとなろう。言い換えれば、マネジャーは与えられたミッションや骨太の方針を具現化し、効率よく短期間で成果を出すための組織や計画をつくり実行させるが、リーダーはミッションや骨太方針そのものを決めることが求められ、そのための現状認識として多角的な事実を押さえていくのである。「道なきところに道をつくる」ための創造性が必要とされるといえよう。そういった「戦略判断力」

というべきものはどうやって鍛えたらよいのか。

そのカギは、その人材の成長過程にある。リーダーとしての成長段階は、孔子の残した言葉になぞらえることができよう。

「十有五にして学を志す」

この段階は学生を卒業して、社会人として道を歩み始めたころといえよう。この段階の価値判断基準は文字通り「学ぶ」ことであり、仕事の基本を身につけるとともに幅広い知識を吸収し、多様な経験を積むことが肝要であるといえる。まだ何かに絞らずに、何事にも旺盛な好奇心で臨むことが大切である。

「三十にして立つ」

一通りの経験を身につけたら、自分が走っていく道を決めるのがこの段階であろう。つまり自身の専門性を決めることである。富士登山に例えるなら、河口湖ルートで登るのか、御殿場ルートを行くのか、または富士宮ルートなのかを選ぶことである。道を選んだら三〇代のうちは、その道のナンバーワンを極めるために努力を重ねなければならない。

「四十にして惑わず」

自身の専門性を高めていくと、あるレベルから物事の本質または全体像が見えてくる。年齢でいえば、個人差はあるが四〇歳を過ぎたあたりだろう。富士登山でいえば、八合目くらいから眺望が開けてきて山の全貌が見えてくる。つまり、専門性を高めるというのは視野を狭くすることではなく、視点が高くなることで逆に視野が開けてくることなのである。そして山頂を極めることができれば、河口湖ルートだろうが、御殿場ルートだろうがゴールは共通であることに気づくはずだ。

「一芸に徹すれば、万般に通じる」という言葉がある。富士登山の例えとは逆に、井戸を掘り続けていくとやがて地下水脈にたどり着き、その水脈は地下で果てしなく広がっていることに気づく。部分が全体に広がる劇的な瞬間である。経営でいえば、会社全体を見通せるリーダーの領域である。専門性を極めてきた結果、ほかのあらゆる専門性と高度なレベルでつながり、ダイナミックに仕事ができる。かつ的確なマネジメントが可能になるのだ。自分自身の仕事に迷いがなく、自信と誇りを持ち、いかなる難問であろうと、また未知の領域であろうと的確に判断ができるようにもなろう。

リーダーとして成長するには、不惑の四〇代を迎えるために二〇代、三〇代の過ごし方、あるいは育成の仕方が重要である。そのためには健全な経験を積む必要がある。だが、経験年数は勤続年数に比例しないものだ。経験値とはチャレンジした数なのである。専門性を高めるために前向きなチャレンジを重ね、視野が開けるまであきらめなかった者だけが、真のジェネラルリーダーの領域にたどり着けるであろう。リーダー人材はそうやって育っていくものなのである。

マネジャーとリーダー。その特性は対照的であるが、経営者人材はその両方を併せ持つ必要があろう。いや、マネジャータイプとリーダータイプという分かれ方はあっても、どちらもたどり着くゴールは「総合判断力」あるいは「卓越した決断力」という点で同じなのだ。つまり、どちらのプロセスをたどろうとも、そのゴールに到達した人材だけが「真の経営者人材」と呼ばれるにふさわしいのである。

5 経営者人材を育むグループキャリア制度

「中小企業の社員から経営者人材は育たない」

ある敏腕ヘッドハンターがそういい切る。「社内でいくら教育しても社長としては育たない。

だから外部からスカウトしてくるしかない」という主張である。筆者は多少の違和感を覚えながらも、それを否定はしない。社員という会社に雇用されている立場を捨て、リスクを負ってでも経営者になろうという気概のある人材は一〇〇人に一人か、あるいはそれ以下かもしれないと思うからだ。それを極論すれば右のような発言になるのだろう。だが一方、「だから社員は社長にはなれない」と割り切るのも早計である。ホールディング経営を志向する創業家の経営者が「多くの経営者人材を残し、事業を継承してもらいたい」という強い思いを抱くのなら、それを否定することのほうが、事業の存続においてはリスクとなり得るからである。経営者の意志はビジネスライクに否定できる類のものではないのだ。では、ホールディング経営モデルにおいて、グループ内の社員から経営者人材を輩出するにはどう考え、どう取り組んだらよいのだろうか。

その答えは〝片手間でやろうとしないこと〟である。

❖戦略人事機能の強化

Cホールディングスはホールディング経営体制への移行を機に、ホールディングカンパニー（ＨＤＣ）内に人事課を設置した。その人事課は一年後に「人事部」に格上げとなった。現在、人事部はＨＤＣの組織で「守り」を司る「管理本部」の管掌となっている。

それまでの同社の人事は総務部内の一機能として人事・労務担当者が執り行っていた。ただ実際の仕事は人事機能と呼べるものではなく、給与計算や人事考課の段取りと集約、その他労務関連業務などいわゆる「処理業務」が中心であったといえる。同社のグループ社員は二〇〇名を超えていたが、それを数名で回していたため日々の業務に追われ、人事制度や教育制度などへの問題意識を抱く暇もなかった。

Cホールディングスが「人事部」を設置した目的は、人事を戦略的に行うためである。ホールディング経営体制下では、事業会社の経営者人材を育てていかなければならない。しかしながら現状で社長に登用できそうな経営幹部はわずか一名しかいなかった。そのほかはいわゆる「指示待ち族」であり、これから鍛えても経営を任せるレベルに育ちそうにない。さらに深刻なのは、その次の階層である中堅リーダー人材そのものが不足していたことである。同社は、地域から日本全国へ、また海外へも事業展開していく構想を持っているが、その事業を任せられる人材が明らかに不足していたのだ。また、生産年齢人口の減少による採用難も大きな課題としてあった。同社の経営資源のコアはやはり「人材」であり、その人材がいなければ壮大なビジョンも構想も「絵に描いた餅」で終わってしまう。Cホールディングス社長の危機感はそこに集中した。そして、それまで多くのコストを投下することがなかった人事部門にテコ入れしようと考えたのである。

図表14　人事戦略のPDCA

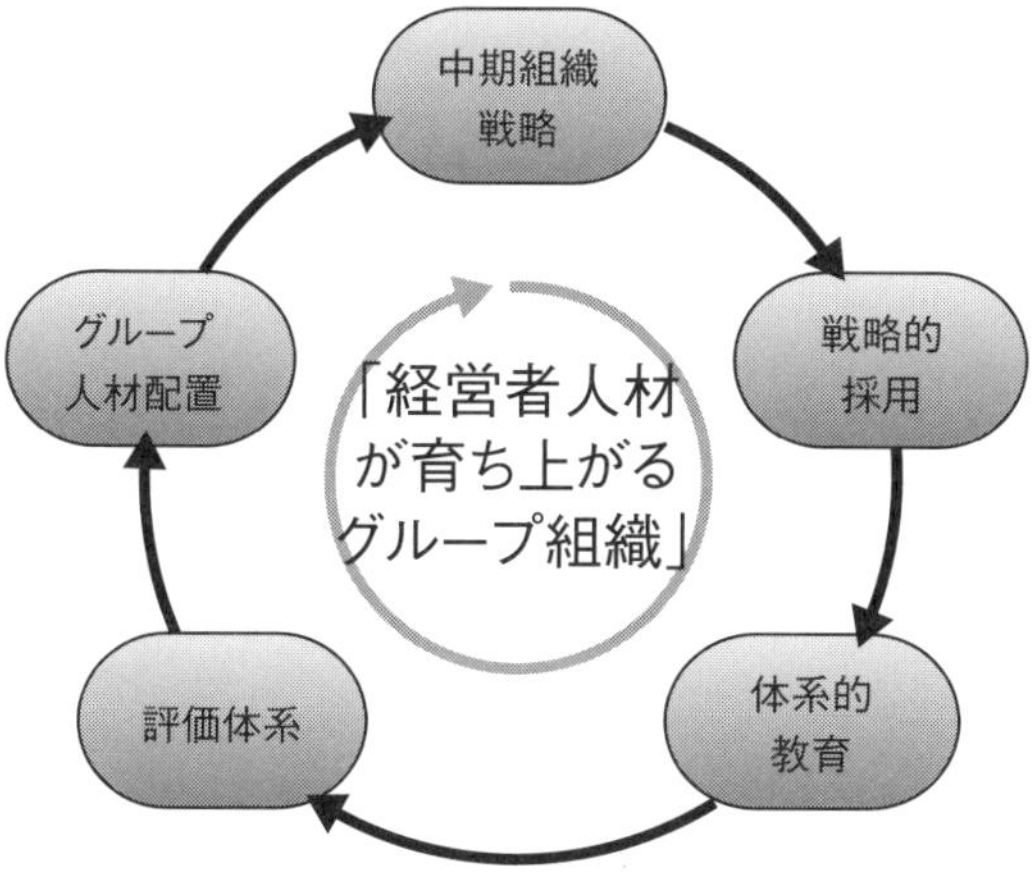

その「人事部」には人事戦略のPDCAがある（図表14）。そのP（プラン）に相当するのが「中期人員計画」だ。まず、Cホールディングスの中期ビジョンを実現する将来の組織図を描き、必要機能や人員を想定する。すると現状とのギャップから今後どんな機能に何人必要なのかが明らかになる。そのギャップは「採用計画」に落とし込まれていく。採用は新卒、中途の両面において重要度が高いが、経営幹部や中堅リーダーが不足するCホールディングスにあっては中途採用をしてでも機能を強化する必要性が高かった。

人事戦略の目標は「経営者人材を輩出する」ことにある。その目標に照らし人事制度も見直していかなければならなかった。また、管理者や経営者の育成が急務であることから教育制度もリニューアルした。そのほかにも事業会社に人材が固定しないよう、グループ内の〝適材適所人事〟を促進するジョブローテーションなどにも着手した。人事部の業務は**「グループ全体の人的資源配分を中期的な時間軸で戦略的に行うこと」**と定義できる。こういった一連の業務を本来の目的や目標に沿って中長期的目線で体系的に進めていくことが本分であるといえよう。

❖誰もが乗れる「速いエスカレーター」をつくる

Cホールディングスの人事制度の肝となったのが**「グループキャリア制度」**である**(図表15)**。これは既存のキャリアコース(標準キャリアコース)に、経営者人材を早期育成する「グループキャリアコース」を組み合わせた〝ハイブリッド型〟の制度である。グループキャリアコースは、いわば〝速いエスカレーター〟であり、グループ内の事業会社を横断的にローテーションすることで全体最適の目線を養い、横軸のプロジェクトを任せながらリーダーシップを磨いていく。将来の事業会社社長またはHDC内の経営企画室人材をそこから生み出そうとしているのだ。

グループキャリアコースは、新入社員の段階である1等級からスタートするのがポイントである。初任給を大手企業並みに引き上げることで優秀な人材を新卒採用段階から確保できる。実際に同社は、一流国立大学からの採用にも成功している。また3等級からは能力や実績に応

図表15　グループキャリア制度

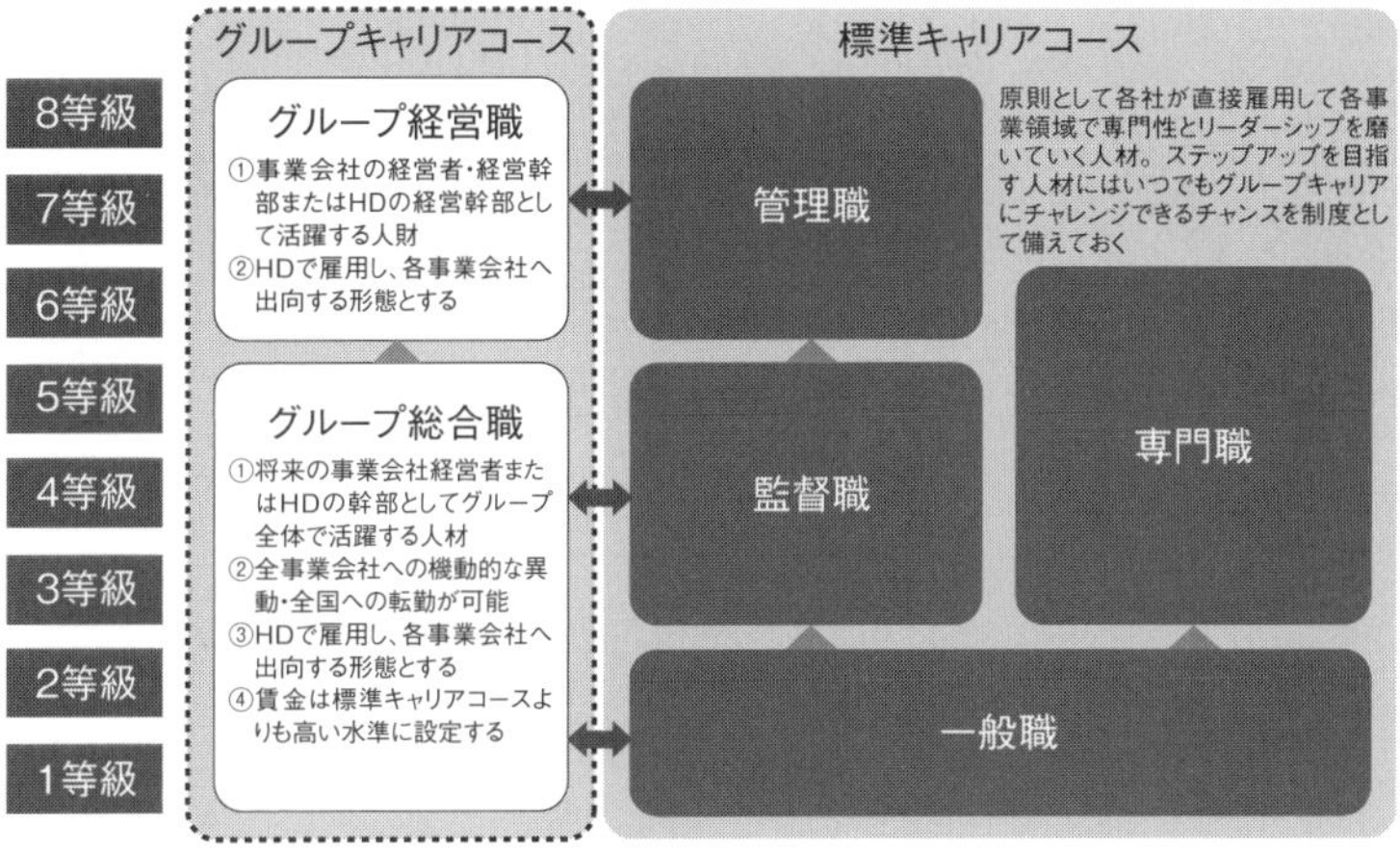

じた〝年俸制〟とし、その報酬のレンジを幅広く設定した。ここには実力主義、成果主義というコンセプトが色濃く反映されており、頑張れば一流企業並みの報酬を手にすることもできる。逆に外部からのスカウト人材にも対応可能である。そういった人材は概ね高額所得者であるが、中堅・中小企業においては賃金制度の枠に収まらないケースが多い。同社は不足する経営幹部や中堅リーダー人材を採用するべく、ヘッドハンティング会社にもチャネルを広げて優秀な人材の確保を行った。

余談であるが、ここでヘッドハンティングによる経営者人材の活用について私見を述べておきたい。ヘッドハンターは転職市場に顕在化していない有能な人材を独自のノウハウで発掘し、彼らと直接交渉を行ってクライアント企業の経営者あるいは幹部社員としてスカウトする。「転職サイトに登録しているような人材に有能な人はいない」というのが、ヘッドハンターの共通する主張である。本当に有能な人材は転職を考える暇もなく忙しいのである。そういう意味ではスカウト人材の能力については一定の評価ができよう。問題があるとしたらそこからである。スカウト人材の歩留まりは決して高くないのだ。Cホールディングスもホールディング経営体制への移行後にヘッドハンターを積極活用した。ヘッドハンターは約束した期限通りに有能な人材をスカウトしてくる。しかしながら、その後社長との面接を経て入社するも、「考え方が合わない」とか「風土に馴染まない」という理由で約半数が半年も経たないうちにやめてしまうのである。もっとも、入社後リーダーとして期待以上の活躍を見せている優秀な人材もいる。その分かれ目は、有能かどうかではなく、その会社の価値判断基準に共感し、理念や方針に則したリーダーシップを発揮できるかどうかであろう。自身の過去の成功体験に固執して、独自のノウハウを展開するだけでは組織を動かすことはできないのだ。

ヘッドハンターに対しては賛否両論がある。しかし、否があるとしたら、それはヘッドハンター側にあるとはいい切れない。ヘッドハンターの役割は「有能な人材を連れてくること」であり、それがスカウトビジネスのコアであろう。重要なのはその人材とトップ自らが面接し、その対話のプロセスにおいて自社のポリシーをしっかり伝え、彼らがそれに心から共感しているかどうかを洞察することである。その目利きができなければ、ヘッドハンターは活用するべきではないだろう。〝有能〟な人材を自社にとっての〝優秀〟な人材に変えられるかどうかは、トップの腕にかかっているのである。

話を戻そう。グループキャリア制度において配慮しなければならないのは標準キャリアコースとの格差である。Cホールディングスの場合、グループキャリアコースに在籍する社員はまだ全体の一～二％にすぎないが、多くの標準キャリアコース社員は、この格差を前向きに受け止められないものである。同社においては、この制度の設計当初から「いつでもグループキャリアコースにチャレンジできる」ことを重要視した。自らが手をあげて申請することを絶対要件とし、その上で筆記試験や面接などを経て最終的にはＨＤＣの取締役会で総合判断する流れをつくったのだ。このため、最初からグループキャリアコースに社員が配置されることはなかった。あくまで社員の自主性や積極性を重んじる、社長ならではの考え方であったといえよう。

なお、やや事務的な話をすると、グループキャリアコースの社員はＨＤＣの所属としている。彼らは、実際はジョブローテーションにより複数の事業会社で経験を積んでいくことになるが、その都度転籍するとなると入退社の手続きが煩雑になる。また本人たちも混乱するだろう。そんな不要なストレスを増やさないためにも、事業会社には「出向」という扱いにしたのである。

❖共通の制度か？　個別の制度か？

ホールディング経営体制を敷くグループ企業においては、しばしばその人事制度を「事業会社ごとに分けるのか」、または「グループ共通とするのか」という議論が展開される。それぞれにメリット・デメリットがあるため、最後はその会社の価値判断基準によって決めるということになるが、社員の成長段階に合わせて組み合わせるというのも一つの考え方となろう。

その考え方でいくと、**「スタートとゴールは共通の制度とし、中間は個別の制度とする」**という結論になる。前項では孔子の言葉になぞらえリーダーの成長段階について述べたが、まず入社直後の若い段階ではより多くの仕事を覚え、知識をインプットし、幅広い経験を積ませることが有効であろう。一つの事業会社に限定してしまうとそこの仕事しかできなくなり、本人の成長の可能性を狭めてしまいかねない。そこで入社後の数年はジョブローテーションで事業会社各社を回って経験を積むことが有効となる。人事評価も、その段階は成果や能力よりもむしろやる気や姿勢などのウェートが大きくなる。いわゆる「情意」と呼ばれる項目であるが、この情意は社会人の基本であり、業種・業態の枠を超えて必要なものである。このため、この成長段階における人事制度も共通とするのが合理的であろう。例えば、入社三年までの社員をHDCで雇用し、事業会社各社を出向の身分で経験させる会社もある。HDCで雇用しているのは先に述べたグループキャリア制度と同様の理由である。その三年で本人の適性を見極め、四年目から正式に事業会社またはＨＤＣへの配属を決めるのがよいだろう。

いわゆるルーキーの段階を終えると、次は自分の専門性を高めていく必要がある。富士登山でいえば〝どのルートから山頂を目指すのか〟を決める段階に入るのだ。人事評価においても「情意」のウェートは小さくなり、それに代わって「能力」や「成果」が大きくなる。これらは事業ごとに個別性が高いものであるため、人事制度そのものも事業会社ごとにその特性に合わせて設計するとよい。例えば、不動産事業を「売買事業」と「物件管理事業」に分ける場合、売買事業は一取引の売上げ金額が大きい半面、収益が安定しない「スポット型」の業績体質である。成果主義の制度と相性がよいといえるだろう。しかしながら、物件管理は賃貸物件の管理を長期契約で請け負いその管理料を収受するものであり、言い換えれば「安定ベース型」の業績体質となる。この場合、成果主義で評価する割合を減らし、固定給のウェートを高めるほうが納得性が高いのだ。このように、事業特性に合わせて賃金制度、評価制度を構築していくことが社員のモチベーションを高め、事業会社の成長を促進するのである。

専門性を極め、総合力でマネジメントする四〇代は「管理職」の段階になる。この段階の人事評価は「部門管理能力」にウェートが置かれるだろう。「部門管理能力」もまた事業の枠を超えた普遍的な項目であることが多いため、人事制度も共通なものとしていくのがよいだろう。また、管理職の人事はＨＤＣマターとなることが多い。これは、グループ全体最適の見地から事業会社間の戦力バランスを見る必要があるからだ。すなわち、事業会社間の異動における自由度も高めておかなければならず、そのためにも人事制度は共通にしておくことが合理的なのである。企業グループのなかにはこの層から年俸制を取るところも多い。部門の業績責任を担うため年俸制の納得性は高く、グループ会社間の異動においても柔軟な対応を可能にするのである。

このように、ホールディング経営体制における人事制度は個別対応によらず、グループ全体の目線で再構築していかなければならないものである。その目的はホールディング経営モデルを形骸化させないよう、「経営者人材を輩出すること」にある。採用にしても、賃金計算にしても、教育にしても、間接部門が片手間でこなすレベルではなく、より戦略的に「人事部」として機能させることが有効であろう。

「企業は人なり」という。中堅・中小企業において人材は戦略的な経営資源である。それを再認識し、最大のパフォーマンスを得られるように資源配分しなければならないのだ。それをすることで、昨今のテーマとなっている「働き方改革」も両立できるであろう。

第5章

ホールディング経営における財務・資本モデル

1 ストックとフローを分離する——「決算書を変える」構造改革

前章ではホールディング経営モデルにおいて「ヒト」という経営資源をいかに配分してグループを成長させていくのかという論旨を展開した。第5章では、経営資源のうち「カネ」に焦点を当て、ホールディングカンパニー（HDC）および事業会社の収益構造、および財務構造についてその原則的なあり方を述べる。また本章の後半では企業が長期的に存続するための〝バトン〟役となる資本についても触れていきたい。

◇

「持ち株会社をつくったのはいいが、中身が空っぽで、この後どうしたらいいんだ」

A社長が、困惑した表情で筆者に質問する。同氏は、第3章のM&A戦略の事例で紹介したAグループの代表である（九九ページ参照）。

Aグループは電気機器商社（年商一五〇億円）、計装工事会社（同五〇億円）、情報システム会社（同一〇億円）の三社で構成する、連結年商二〇〇億円超の中堅企業グループである。グループオーナーのA社長は第二世代（社長としては三代目）の経営者であるが齢七〇を超え、次世代への事業承継スキームとしてホールディング経営を選択した。ＨＤＣであるAホールディングスを新設したのは創業六〇周年の節目の年にあたる。「株式移転」の手法によりＨＤＣが完成し、その代表にA社長が就任。取締役は事業会社三社の社長（いずれも社員からの内部昇格）が兼任した。しかしながら、この時点におけるＨＤＣはいわゆる〝ペーパーカンパニー〟であり、その保有資産は三社の子会社株式のみという状態であった。その段階で筆者へ相談があり、冒頭の質問に至るのである。

この「株式移転」という手法は、グループ三社の個人株主がそれぞれの持ち株のすべてを現物出資することで新たな法人を設立し、個人株主にはその新設法人の株式が新たに割り当てられるというスキームである。もっとシンプルにいえば、もともと持っていたグループ三社の株式と新設法人の新株を交換するということである。この場合、等価交換であるため株主にとっての損得は生じず、課税をされることもない。また法人の新規設立にあたって資本金の拠出も不要（その原資は自社株であるため）であり、手続き的には簡便な方法といえる。ただし、ＨＤC設立前後の株主構成は実質的に変わらず、株価が低減するという効果も得られないため、それだけでは事業承継対策とはならない。これが株式移転のデメリットともいえ、Aホールディングスも「とりあえず持ち株会社をつくっただけ」の状態になってしまったのである。

Aホールディングスではまず取締役会（名称はグループ経営会議）を立ち上げ、その中身をどうするかを協議し始めた。ファーストステップとして取り組んだのがHDCの収益・財務構造の確立である。平たくいえば、ペーパーカンパニーの状態では収入源が事業会社からの利益配当しかなく、役員報酬すら払えないという切実な問題があった。「どうやって収益を得るのか」をまず考えなければならなかったのだ。

第2章で述べたように、ホールディング経営モデルにおける収益・財務構造のコンセプトは、「ファイナンスとプロフィットの機能分化」である。HDCは戦略判断機能としてグループ全体の経営資源配分をコントロールし、その元手の調達も行う。〝資金の調達と運用〟を司る「**ファイナンスセンター**」と呼べるだろう。これに対し事業会社は、配分された経営資源を使って、またその生産性を高めながら収益を獲得する「**プロフィットセンター**」となる。Aグループもこのコンセプトで収益・財務構造のモデルチェンジを図ったのである。

Aグループの事業会社のうち電気機器商社と計装工事会社にはそれぞれ本社ビルがあり、合わせるとその土地・建物は帳簿価額で約一三億円となった。まずはこれを、会社分割の手法でHDCに移転する。通常、会社間で不動産の譲渡などを行う場合は譲渡益に対して法人税等が課税され、さらには不動産取得税や登録免許税などのいわゆる「不動産流通コスト」の負担が生じるが、このケースの場合は、完全支配関係にあるHDCと各事業会社で編成されたグループの組織再編であり、帳簿価額での移転が可能であったことから法人税等は繰り延べられ（その時点では課税されず）、不動産取得税も非課税の扱いとすることができた。登録免許税は課税されたが、全体から見れば、その負担感は軽微なものとして容認することができた。

不動産の分割により所有権がＡホールディングスに移ったため、同社は電気機器商社および計装工事会社から賃貸料収入を得ることができるようになった。この賃貸料収入はＡホールディングスの安定収入源として、その運営を長期的に支えることになろう。

また、事業会社各社の総務部や経理部の人材をＨＤＣに転籍させ、「管理本部」としての組織統合を行った。管理本部の機能には第４章でも述べた通り、「内部統制機能」と「シェアードサービス機能」があるが、同社の場合、統合当初は内部統制機能の分掌がなく、専らシェアードサービス機能に特化せざるを得なかった。彼ら・彼女らは、それまで所属する自社の総務業務・経理業務として職務を遂行していたが、ＨＤＣへの転籍後は、事業会社各社の総務業務・経理業務をアウトソーサーとして請け負うという役割となる。ＨＤＣは各事業会社と業務請負契約を結び、経営管理料という収入を得ることになった。

Ａホールディングスは「子会社株式」と「不動産」を所有し、また人的資源としての「管理本部人材」を受け入れたことにより、それぞれに対応する「配当収入」「不動産賃貸料」「経営管理料」という収入源を確保したのである。この三つはＨＤＣの収入としての基本形であり、これにより最低限の運営費を賄うことができるのだ。

Aグループでは借入金の集約も行った。ホールディング経営体制以前は三社それぞれが地元の金融機関数行から短期借入金を調達していた。事業会社の業種はいずれも労働集約型で大きな固定資産を必要としなかったため長期借入金は存在せず、通常の営業活動に必要な運転資金は三～六カ月の手形で調達していた。これらの借入金については返済期限が到来するたびにHDCで借り換え、すべての契約の更新手続きは半年で完了した。これにより借入金の調達はHDCで一元化され、事業会社が必要とする運転資金は、グループ資金としてHDCから調達する流れができた。また結果的に、借入金の残高は半分近くに減少することにもなった。ムダな借入金が圧縮され、財務体質もスリムになったのである。

これら一連の財務構造改革はトップダウンで一気に進めることが重要である。これを担当者に任せると税金や付帯コストに躊躇《ためら》ったり、金融機関との交渉で利害のバランスを取ったりし始める。こうなると最終的に中途半端で終わり、思ったような形にならないことも多い。こういった判断は〝決算書を変えるレベル〟の改革であり、あるべき姿に向け強い意志でやり切ることが大事なのだ。Aホールディングスの場合は、オーナーであるA社長が実力のある金融機関OBの常務取締役とともに進めたため、スピーディーに事が進んだ。結果として、HDCが「ファイナンスセンター」、事業会社が「プロフィットセンター」という機能が〝決算書上でも〟

明確になったのである。第2章においてはＨＤＣがＢ／Ｓ（貸借対照表）責任を負い、事業会社はＰ／Ｌ（損益計算書）責任を負うと述べたが、より厳密にいえば、ＨＤＣのＢ／Ｓは子会社株式と不動産などの固定資産および借入金が中心の**「ストック型」**となり、事業会社のＢ／Ｓは流動資産・負債が中心の**「フロー型」**となる。事業会社はＰ／Ｌ責任に流動資産・負債のコントロールも含めた**「営業キャッシュフロー」**を高める経営をしていかなければならないのである。

Ａホールディングスの事例は、株式移転を使ったＨＤＣ設立の手法であり、言い換えれば、既存の事業会社の〝上〟に新たに持ち株会社をつくる方法であるといえる。これとは逆に、既存の事業会社の〝下〟に新たに事業会社をつくり、既存の事業会社をＨＤＣにするという手法もある。このとき新たな事業会社は「会社分割」によって新規に設立し、既存の事業会社と同じ社名を登記する。また同時に既存の事業会社は「〜ホールディングス」の社名に変更する。Ａホールディングスの事例のようにストック型のＨＤＣとフロー型の事業会社を構成しようとする場合、前者の「株式移転」によれば、その後に不動産などの固定資産や余剰資金を移転する手続きを取る必要があり、その分コスト増にもなる。また、金融機関からの融資をＨＤＣで借り換えるという手間も発生する。

一方、後者の「会社分割」の手法を使う場合、既存の事業会社に不動産などの固定資産や借入金を残し、新設の事業会社には流動資産・負債のみを移転させれば一回の手続きで済ませることが可能である。不動産が移転しないため流通コストの負担も発生しない。ただし、事業の主体法人が変わるため、その事業に必要な許認可や免許などを新たに取得し直さなければならなかったり、決済口座を変更するため取引先との調整に手間取るというデメリットもある。こういった場合は、双方のメリット・デメリットを具体的に検証し、現実的かつ経済的な判断基準で決定すればよいだろう。

2 ベストキャッシュフローミックスをつくる
――「ファイナンスセンター」の役割

ホールディングカンパニー（ＨＤＣ）は、ホールディング経営モデルにおける「ファイナンスセンター」としての機能を担うが、ただ固定資産と借入金を集約すればよいというものではない。それでは「財務管理者」の目線といわざるを得ない。ＨＤＣにはグループが成長する事業ポートフォリオ戦略を判断したり、それに即して重要な経営資源を配分する戦略機能があるが、ファイナンスセンターとしての機能も、それらと有機的に一体化していなければならないだろう。いわばＣＦＯ（Chief Financial Officer：最高財務責任者）としての戦略判断が求められ

図表16 ベストキャッシュフローミックス(BCM)

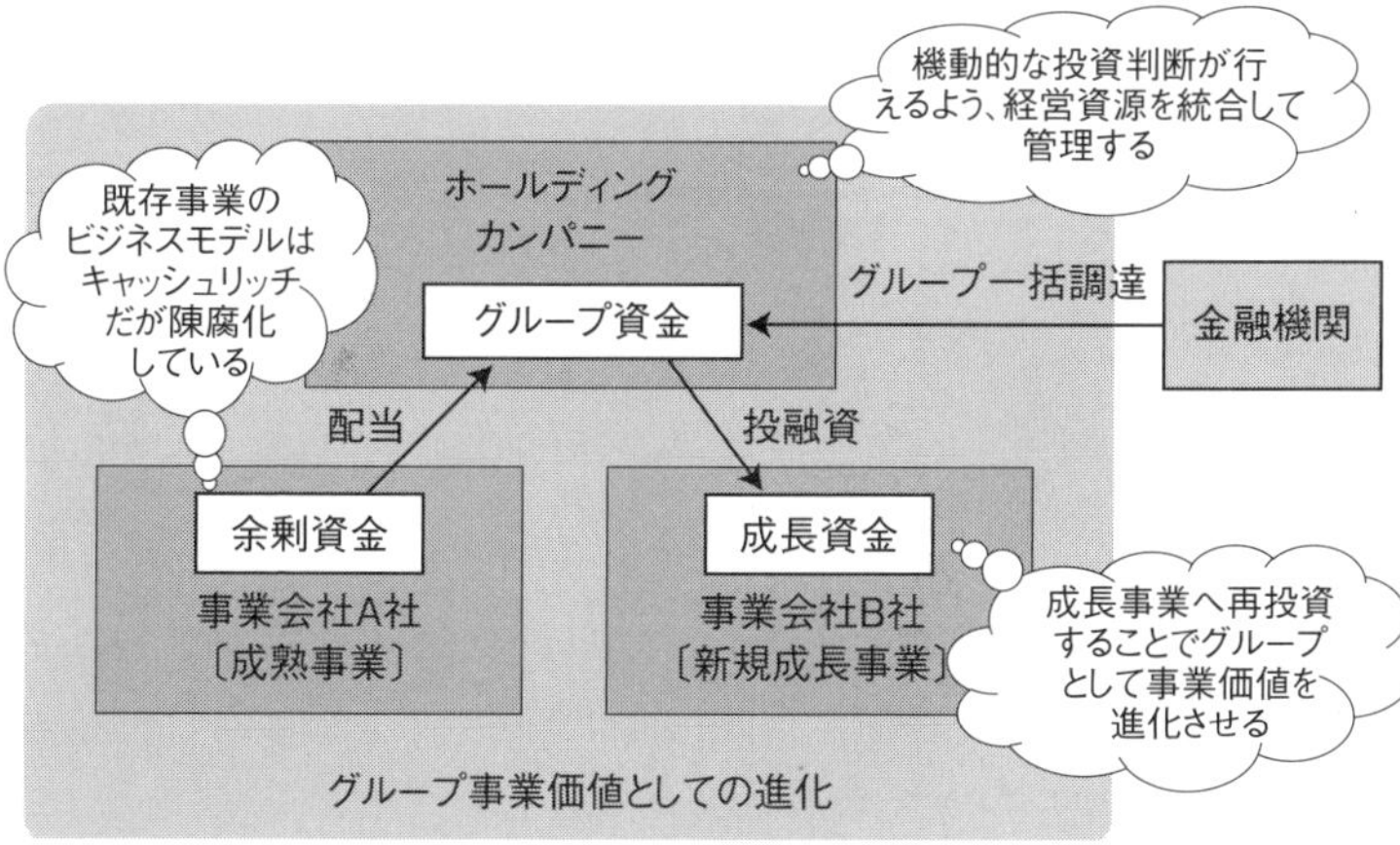

るのだ。

ファイナンスセンターのミッションは〝**グループのキャッシュフローを最適化**〟することにある。前項の事例では複数の事業会社の資金調達をHDCで統合するだけでも借入金圧縮の効果があった。しかしCFOは、これにとどまらずもっと戦略的なグループキャッシュマネジメントを遂行していくべきであろう。

このとき「**ベストキャッシュフローミックス(BCM)**」という発想がポイントとなる(図表16)。

ホールディング経営における成長モデルが「事業ポートフォリオ戦略」であることはこれまで本書で繰り返し述べてきた。これは複数の事業を組み合わせることで、事業ごとの〝強み〟を連携させてシナジーを生み出し、全体としての新たな事業価値を創造しようという戦略である。その目線が〝社会性〟にあることも第3章で述べた。ここでいう〝強み〟とは、決算書では粗利益や限界利益で表される。つまり損益の概念である。ベストキャッシュフローミックスとは、この損益の概念に資金の概念もプラスして考えることで〝グループキャッシュフローの最適化〟を図ろうとするものである。つまり、事業ポートフォリオをつくる際に、どういう組み合わせにすればシナジーが得られ、かつ資金効率が高まるのかを考えていくのである。

❖事業成長段階におけるBCM——成熟モデル×成長モデル

有名な戦略フレームワークに「プロダクト・ポートフォリオ・マネジメント（PPM）」がある。外資系コンサルティングファームのボストン コンサルティング グループ（BCG）が一九七〇年代に提唱したものだが、半世紀が経過しようとしている今でも、コンサルティングの現場で活用されている。

PPMは事業の成長段階を「マーケットの成長率」と「自社のシェア」の二軸で切り、さらには「問題児」「スター」「金のなる木」「負け犬」の四象限のマトリクスに展開してその事業ミックスを考えていこうとするものである（図表17）。四つの象限は、それぞれを「創業期」「成長期」「成熟期」「衰退期」と表現し直したほうが分かりやすいかもしれない。事業の成長段階は「問題児」に始まる。立ち上げ期で先行投資に見合った収益が上がっていない赤字事業の段

図表17　プロダクト・ポートフォリオ・マネジメント（PPM）

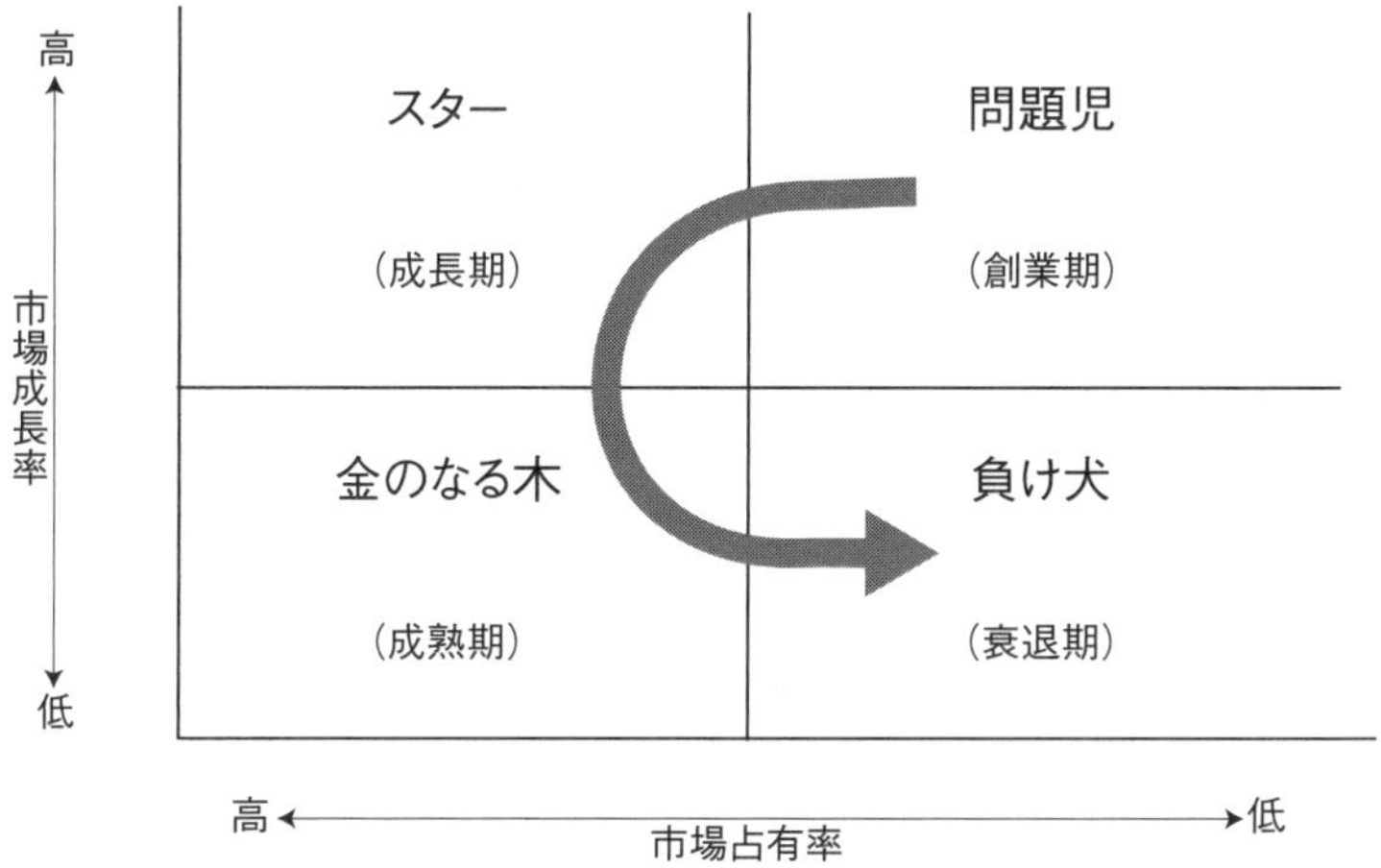

階である。

事業が成長期になると、付加価値や収益性が飛躍的に伸びて「スター」となる。この段階は先行投資も旺盛で運転資金も増加するため、キャッシュフローはマイナスとなることが多い。

次に成長性が鈍化すると「成熟期」に入る。事業の伸びがないため先行投資が落ち着き、収益がそのままキャッシュとして蓄積されやすい。文字通り「金のなる木」である。事業の衰退期は「負け犬」と呼ばれ撤退を検討すべき段階だろう。事業ミックスの考え方としては、「金のなる木」が稼ぐキャッシュを「問題児」や「スター」に投入して、全体でバランスのよいポートフォリオをデザインしていこうというものである。このPPMには収益性、成長性やシェアに加えキャッシュフローの概念が織り交ぜられているところにポイントがあるといえる。

ＢＣＭにおいても同様の考え方を取る。今、中堅・中小企業における多くのビジネスモデルが成熟化している。言い換えれば「金のなる木」化しているのだ。ホールディング経営モデルにおける事業ポートフォリオ戦略では、その成熟事業が稼ぐ資金を使って新たな成長投資をしていくべきであろう。そのとき、ＨＤＣがファイナンスセンターとして戦略的に機能するのである。

◇

Ｄ社は、中部地方で自動車系サプライヤーや機械メーカーに対し工具・冶具などを販売する機械工具商社である。創業五〇年を超えるが、その経営は堅実で、収益性こそ高くないが着実に内部留保を蓄積し、自己資本比率は五〇％以上と創業以来の〝無借金経営〟を維持している。

Ｄ社のＥ社長は創業者の娘婿で、もともとは銀行員であった。結婚を機に家業を引き継ぎ、その堅実な経営路線を受け継ぎながらも徐々に拡大させてきた。しかしながらビジネスモデルは成熟化していて、さらなる成長にはイノベーションが必要だと考えた。つまり、設備投資をしてメーカー機能を充実させることが成長のカギだと気づいたのである。だが、そのためには数億円にのぼる借入金が必要であり、ずっと無借金経営にこだわってきた創業者の思いを自分本位で曲げるわけにもいかなかった。

E社長は自身の出身地である九州で新たに事業を立ち上げる。工場誘致のオファーがあったことが直接的なきっかけになった。そこで精密加工の金型をつくるメーカーとしてのE社を、自身の出資で設立したのである。同社は積極的な設備投資でイノベーションを重ねていった。またD社で培った顧客密着の営業姿勢も融合させて顧客との信頼関係を築き、ついにはD社の売上高を超える規模にまで成長させた。また売上高経常利益率も一〇%を超える高収益企業になったのである。その過程では東南アジアにも現地工場をつくり、E社の創業メンバーをその代表として赴任させた。E社の設立後二〇年を超えても社長の成長意欲は旺盛であり、積極的な設備投資を繰り返していた。その半面、借入金依存率は三〇%を超え、自己資本比率は一〇%程度にとどまっているなど盤石とはいえない財政状態であった。

E社長も六〇歳を超え、事業承継を考える段階になると、D社、E社、および海外現地法人の上にHDCを設立してホールディング経営体制を構築した。これまではD社とE社がそれぞれの路線で経営をしてきた感があったが、これを機にグループを統合して、中部地方と九州、そしてアジアを線でつなぐ戦略を展開しようとしたのだ。キャッシュフローもHDCがグループ資金として統合し、一元管理を図った。それまでD社で蓄えていた余剰資金は配当でHDCに移し、HDCはそのキャッシュをグループの運転資金や設備資金として各社に融資するという流れをつくったのだ。それまで運転資金や設備資金を銀行に依存していたE社の借入金は徐々にHDCからのグループ資金にシフトしていった。やがてグループ全体での借入金依存度も適正水準にまで下がり、自己資本比率も高まってより強固なグループ経営体質になっていったのである。

❖業種・業態ミックスによるBCM——長期在庫モデル×日銭収入モデル

事業会社の資金構造は、業種ごとにも大きく異なる。古典的な業種分類でいえば卸売業などは最も資金繰りの悪いモデルといえるかもしれない。事業の循環構造における資金繰りは必要運転資金額の大きさで決まる。必要運転資金は「売上債権＋棚卸資産－仕入債務」という算式で表されるが、多くの在庫を抱え得意先も仕入れ先もB to Bである卸売業は、この額が大きく出やすく、最も運転資金を必要とする業種であるといえるのだ。

卸売業はサプライチェーンの中間に位置し、付加価値が低いため、ビジネスモデル上も革新が求められる業種である。サプライチェーンを川の流れに例えるなら、川上に行ってメーカー機能を取り込むか、川下に行ってエンドユーザーへダイレクト販売を試みるのが事業展開の定石である。このとき、BCM的な見地からすれば、川下に下ったほうが得策であるといえる。川下はいわゆるB to Cモデルであり、最終消費者にダイレクトに販売すれば、代金はキャッシュかクレジットカードにより早期回収できるからだ。いわゆる〝日銭商売〟といわれる資金構造を得られるのだ。卸売業者にとっては喉から手が出るほど欲しいモデルであろう。

例えば卸売業者がホールディング経営体制を取り、設立したＨＤＣで小売業やＷｅｂ通販業者にＭ＆Ａ投資するのは付加価値を高める事業ポートフォリオとしても有効であるし、全体のキャッシュフローを改善するＢＣＭとしても効果が大きい。資金繰りが改善されるとキャッシュを貯め、将来に向けた再投資原資とすることができるだろう。資金繰り難の悪循環を好循環に変える突破口になり得るのだ。

アグリ（農業）ビジネスも資金繰りが悪いモデルの代表格といえる。農作物であればその収穫までにかかる期間、畜産であれば成長して出荷するまでの肥育期間にかかる経費がすべて棚卸資産を構成するからだ。畜産に関していえば、その肥育期間は鶏だと二～三カ月、豚で半年、牛に至っては二年弱を要する。その間に食べたエサはすべて在庫となるのだ。エサ代などの運転資金は金融機関の融資に依存するほかないだろう。長期在庫モデルは銀行依存モデルともいえるが、その資金繰りを改善したくても小手先の対策では抜本的な効果はない。アグリビジネスにおいても、消費者へのダイレクト販売というビジネスモデルを確立したところが勝ち組となっている。それはキャッシュフローの側面からもいえることなのである。

グループキャッシュフローは「縦の流れ」をつくることが原則である。事業会社からHDCへは利益配当でキャッシュを回収（あまり表現はよくないが）し、逆にHDCから事業会社へは出資または融資という流れで資金投下するのである。その際、常にHDCが軸となる構図になる。HDCはグループキャッシュフローの「司令塔」であり、ここを通過しない資金の流れは認められるものではない。グループ経営のなかでは兄弟会社が資金を融通し合うなど「横の流れ」が生じているケースも見られるが、これは健全な流れといえない。これを放置しておくと全体的な秩序が保たれず、お金がどこでどう使われているかが分からなくなる。金融機関から調達した資金が目的外で使われる原因ともなり、ガバナンス上も大きな問題となるのだ。「縦の流れ」でキャッシュを動かすルールは厳格に守られなければならないのだ。

◇

事業会社からHDCへの利益配当について少し補足しておく。配当金は事業会社側で法人税を支払った後の利益処分であり、HDC側では課税されない。HDC側では配当収入として利益となるが、ここで法人税課税すると二重課税となってしまうため全額が益金不算入となるのだ。すなわち、配当金はそのままHDC（つまりグループ）の内部留保となる。配当額は毎年の決算後に払うのが原則であるが、内部留保の範囲内ならまとまった資金を一括して配当することも可能である。

ＨＤＣの内部留保はグループ全体の再投資資金として、その成長戦略を推進する目的で使われるものである。事業会社の社長としては、ある見方をすれば「稼いだ利益が親会社に吸い取られる」という感覚に陥ってしまう。「上納金」などとシニカルに表現されることもある。だが、その一方で、ＨＤＣの取締役の立場から、グループ全体の成長に資するという目線をバランスさせることも大切である。またＨＤＣ側のＣＦＯ（最高財務責任者）は、事業会社社長が汗を流して稼いだ利益の配分をグループの成長に再投資する重要な役割である。付加価値の向上とキャッシュフローの最大化を両面からリードし、マネジメントしていかなければならないのである。

3 未来コストをコミットする
――「プロフィットセンター」としての責任

赤字を明確にするために分社化した事例がある。Ｆホールディングスは、冷凍貨物輸送業のＧ社と一般貨物輸送業のＨ社を傘下に持つ、地域でも有力な物流会社グループである。ホールディング経営体制へ移行したのは今から一〇年ほど前だが、それ以前は一つの会社だった。終戦後に冷凍貨物輸送を祖業として創業し、その後順調に成長発展するも、バブル経済崩壊後に業績が低迷した。その原因は祖業である冷凍貨物部門と目されたが、業績責任は明確になっておらず、改善の士気も高まらなかった。会社全体では黒字だったこともあり危機感が欠如していたのだ。

分割後は、冷凍貨物事業の赤字が数億円にのぼることが明らかとなった。G社としての決算書上で浮き彫りになったからだ。一方の一般貨物事業のH社は、健全な黒字決算だった。同グループの資産であるトラックはすべて冷凍輸送車だったため、後発の一般貨物輸送のビジネスはすべて傭車（協力会社のトラック）という、いわゆる「持たざる経営」の状態だったのだ。収益構造も変動費体質だったため、固定費が重いG社に比べ、需要変動が激しい環境下でも利益が出やすい体質だったといえる。

その後、業績責任が明確になったG社は危機意識を新たにし、さまざまな経営改善に取り組んだ。その結果、今では数億円の黒字体質に転換しているという。H社のほうも、その独自性の高いビジネスモデルで堅調に売上げと利益を伸ばし、グループ全体でも増収増益基調の経営を展開している。

◇

決算書は経営者の通信簿であるという。経営者は「結果がすべてである」という意であろう。プロセスでは何をやってもよいということにはならないが、結果を出さなければプロセスは言い訳にしかならないのである。また、経営者はその組織では誰からも評価されない立場にある。そのため決算書が唯一の評価指標になるのだ。その前提において、決算書はその経営者の成果が正しく反映されていなければならない。事業会社は**「一社一事業の原則」**の通り、その事業に関連のない経費や勘定科目は一切排除するように切り取られる必要がある。そして、ガラス張りで透明性の高い状態で管理されていなければならないだろう。

事業会社の経営者を評価する決算書は、主に損益計算書、貸借対照表、キャッシュフロー計算書により構成される。このうち損益計算書に対する重要度が最も高いといえる。損益計算書の最終結果は税引き後の**当期純利益**で表される。事業会社社長は、その利益処分としてホールディングカンパニー（ＨＤＣ）に一定の配当をする義務を負っているのである。

当期純利益のうちどのくらいの割合を配当しているのか、を示す指標を「配当性向」という。この決め方はホールディング経営における事業会社の配当性向はどのくらいが適切だろうか。事業会社によってさまざまである。極端にいえば、事業会社が稼いだ利益はいったんグループとしての再投資資金に充当するという名目で配当性向を一〇〇％にするＨＤＣもあれば、内部留保は各事業会社ですべきと考え、まったく配当を取らないところもある。ある事業会社では当期純利益を三等分して、三分の一をＨＤＣに配当、三分の一を事業会社の内部留保とし、残り三分の一を社員に還元（実際の経理処理上は翌期の賞与として費用計上される）するという考え方を取った。この場合の配当性向は三三％ということになる。ある意味、最もバランスのよい配分率なのかもしれない。

事業会社からの収益により運営費を賄うＨＤＣにとっては、「配当」は貴重な収入源である。このため事業会社は、この配当に対してコミットする必要がある。実際の金額は配当性向により決定するのが望ましいとしても、ＨＤＣの運営上必要な絶対額は固定的に決めておいたほうがよいだろう。事業会社の社長としては、それを必ず上回るように配当しなければならないのだ。もし、それが達成できない場合は、経営責任を問われても文句はいえない。逆に、配当にさえしっかりとコミットしておけば、予算上の裁量は事業会社の経営者に最大限与えるという考え方も成り立つ。

予算は配当をベースに組み上がっていくものだ。コミットメントラインとしての配当額が決まれば、それを配当性向で割り返すことで当期純利益の目標が決まる。またさらに、それを法人税の実効税率で割り返せば目標経常利益が自動的に定まる。一方、売上高の予算はグループ全体の経営目標から割り振られるだろう。その間にある費用配分については、事業会社社長および役員に権限委譲されるべきものである。このようなプロセスで予算を決めていくと、必ず最後に残ってしまう論点がある。それは、「役員報酬はどう定めるのか」である。

これについては、HDCの取締役会（グループ経営会議）で決定するという意見と、各事業会社の取締役に任せてよいとする意見に大きく分かれるであろう。どちらにも正当性があり、それぞれにメリット・デメリットがあるため、これも最終的にはその会社の価値判断基準で決めるべき項目となろう。ただし、会社法に準拠すれば、事業会社の役員報酬の総額はその株主総会すなわちHDCの取締役会により決定されるべきものであり、各取締役の支給額はその事業会社の取締役会で決めるものとされる。平たくいえば、HDCで上限を制限しながらも、実際の支給額については〝自分たちで決めてよい〟ということになり、概ねこれが適正なやり方ではないかと思われる。社長たるもの、自分の給与は自分で決められるほうがよいであろう。

事業会社の貸借対照表についてはどういう構造になるだろうか。

第4章において、一社一事業で切り取られる事業会社は**「循環構造をマネジメントする」**と述べた。循環構造とは「仕入れ」「製造」「販売」「開発」という一連のバリューチェーンを意味する。この全体をマネジメントできなければ事業会社の経営者として有機的な経営判断ができないのである。

したがって貸借対照表を構成する科目も、このバリューチェーン上で発生するものに限られよう。大まかにいえば、「棚卸資産（商品、製品、仕掛品、原材料など）」「仕入債務（支払手形、買掛金など）」「売上債権（受取手形、売掛金など）」であり、これに、運転資金となる現金・預金、短期借入金などが加えられよう。つまり、事業会社の貸借対照表は流動資産・流動負債のみで構成されるのが基本形となるのである。不動産などの固定資産はＨＤＣが所有し、事業会社は賃貸により損益計算書上で管理するのがよい。つまり、事業会社は**「持たざる経営」**の状態にし、決算書上においても必要以上のリスクを負わないようにしておくことがポイントなのである。

最後に、事業会社のキャッシュフロー計算書についても補足をしておく。キャッシュフロー計算書は、通常、「営業キャッシュフロー」「投資キャッシュフロー」「財務キャッシュフロー」により構成される。このうち営業キャッシュフローは、当期純利益に減価償却を加え、それに流動資産・負債の増減を加味したものであり、フロー型の収益・財務構造を担う**事業会社社長の責任範囲は概ねこの「営業キャッシュフロー」で完結する。**固定資産の増減である「投資キャッシュフロー」や主に資金の調達と返済に関わる「財務キャッシュフロー」は、いずれもＨＤＣの責任範囲ということになろう。このキャッシュフロー計算書は、そういう意味で**ＨＤＣと事業会社の財務的な機能分担を最も明快に表している書類**といえるのである。

以上、プロフィットセンターとしての事業会社社長がその収益・財務構造において担う役割と責任について述べてきたが、シンプルにいえば**「利益を最大化し、それを配当でコミットすること」**に集約される。ここでいう利益や配当は、グループの持続的成長に向けて再投資されるものであるため「未来コスト」と呼ぶにふさわしい。

事業会社社長は、未来に対しコミットするのである。

4

企業成長と株価安定を両立させる

——シームレスかつエンドレスな成長のために

本章の前半では、ホールディングカンパニー（ＨＤＣ）における財務モデルとしてＨＤＣと事業会社それぞれに求められる「ファイナンスセンター」「プロフィットセンター」という機能について触れた。本項以降の後半については、ホールディング経営における資本モデルについて述べていく。グループが持続的に成長するための資本構成とはどうあるべきであろうか？

◇

筆者が事業承継コンサルタントとして、自身の力不足を痛感させられたエピソードがある。

クライアントであるその中堅企業は、いわゆるオーナー経営であったが、筆頭株主である会長（先代社長）とその子息の社長以外にも多くの親族株主や第三者株主がおり、資本が分散していた。その企業に向けた事業承継対策のコンセプトは、会社が持続的に成長しながらも、現会長からの株式の継承が円滑にできるようにするというものだ。具体的にはホールディング経営モデルも含め、社員持ち株会、公益財団法人やＩＰＯ（株式の新規公開）などを幅広く提案し、顧問税理士も交えディスカッションを重ねていった。いずれの戦略も、その目的に正当性はあったため、会長・社長は興味を持ち、議論は深まった。具体的なメリット・デメリットについても詳細に検討を重ねていく。しかしながら、何か〝決め手〟に欠き、どれかを決断するまでには至らなかったのである。

事業承継スキームの検討は数年に及んだ。やがて会長が七〇歳を超えて引退する時期が迫ってくる。そしてついには、「役員退職金で株価が下がったタイミングで会長が所有する自社株を社長にすべて贈与する」という結論に至ったのである。それはある意味〝最もシンプルでオーソドックスな対策〟だったといえる。その対策を選んだ理由は、「会長と社長のみで意思決定ができるから」ということだ。ホールディング経営体制への移行やＩＰＯを実行する場合は、株主総会の特別決議を要する。また、その前提として役員はじめ幹部社員の合意形成も不可欠である。

結局は、そういうほかの株主や社員をも〝腹落ち〟させるビジョンを示すことができなかったのである。

◇

❖矛盾をバランスさせる大局的なビジョン

「自社株対策はＨＤＣの目的に非ず」と第2章で述べた。ここでいう「目的に非ず」とは「主目的にしない」という意である。相続税の節税対策を主目的にしたホールディング経営モデルを見かけることは多いが、たとえ抜本的な効果が出たとしても、それはステークホルダーである顧客や社員、取引先などには直接メリットがない。その受け止め方も冷ややかなものとなろう。

例えば、節税目的でホールディング化したグループ会社の社員に聞くと、「どうせオーナー家の税金対策のためにやったんでしょ」などと言われたり、そもそもホールディング体制にしていることすら知らない人もいる。ホールディング経営体制へのシフトというのは、会社の骨格が変わる大きなエポックであるが、それを周囲が冷めた目で見ていたり、認識していないというのは、なんとも淋しい話だと筆者は思ってしまうのだ。

一方でファミリービジネスの場合、その企業を長期的に存続させていくには、オーナー家が自社株を分散させずに相続していく必要があり、そこに課税される相続税や贈与税については有効な対策を施さなければならない。オーナー個人の財産も企業の経営資源に含まれると考えられるため、その社外流出は極力防ぐべきなのである。

オーナー経営者は、こういった矛盾に対し、どう対処すべきだろうか?

その際に必要なのは、「大局的なビジョン」であろう。ステークホルダーの全員が納得し、メリットを享受する大義を示すことが重要なのである。会社が持続的に成長していくことを目的として、顧客やパートナー企業と共生し、社員がモチベーションを高く持って成長し、地域社会にも企業価値を還元する。そういったビジョンを描くなかで、経営資源であるオーナー家の財産保全対策としての自社株対策を織り込むのだ。節税を含めた自社株対策は決して後ろめたいものではない。右のようなビジョンがあれば、むしろ社員にもオープンにして取り組むべきものであろう。

つまりホールディング経営モデルとは、そういうスキームなのである。

❖企業成長と株価上昇を切り離す

ホールディング経営モデルにおける自社株への影響は、「企業成長と株価上昇が切り離される」ところに最大のポイントがある。通常、企業の株価は、その純資産価値や保有資産の含み益、利益や配当金の額、類似業種の株価(市場価値)などによって決まる。つまり、企業業績が向上し、内部留保が蓄積されると株価は上昇するのだ。企業経営においては、収益力を高め、内部留保を厚くすることで盤石の安定財務体質にすることが目標になるが、それは逆に株価の上昇に直結して事業承継時にオーナー経営者を苦しめることになる。これが事業承継における最大のジレンマかもしれない。

ホールディング経営体制にした場合はどうなるか。

例えば、本章の冒頭で紹介したAホールディングスのように株式移転でHDCを設立すると、その直後の保有資産は「子会社株式」のみということになる。この場合、HDCの株価は、その**純資産価額**によって決まる。つまり、Aホールディングスが保有する子会社（つまりは事業会社）の株式の評価額が、そのままHDC株式の評価額ということになる。この時点での株価低減の効果はない。ただし、その後事業会社の業績向上に伴いHDCが保有する子会社株式の評価額が上昇しても、HDCの株価評価上、その子会社株式の値上がり益のうち四二％相当分は控除される。つまり、事業会社が持続的に成長してもHDCの株価は抑制されるのである。これだけでも一定の切り離し効果は得られているといえよう。

また、HDCが本来求められる機能に即して資産を保有し、その内部組織が充実してくると、ある一定規模から純資産価額に代え**類似業種比準価額**が選択できるようになる（ただしHDCを新規設立した場合、三年間は純資産価額で評価される）。この類似業種比準価額は、自社の業種と類似する株価をベースに「配当」「利益」「純資産額」の三要素を加味して決定される評価方法である。この場合の三要素は、ＨＤＣそのものの収益・財務構造によるものであるため、傘下の事業会社の企業価値は影響しない。切り離し効果は、さらに大きくなるのである。三要素のうち「利益」についてはＨＤＣの収益構造そのものが固定的であるため将来的にも上昇しにくく、また「純資産額」についても帳簿価額で計算されるため、事業会社の株価の値上がり益が反映されないのである。

なお参考までに、類似業種比準価額が適用されるＨＤＣの要件のうち主なものを明記しておく。ＨＤＣ設立の主目的は自社株対策ではないため、この要件を充足することを目的に設計することがないように添えておきたい。あくまでも、本来のＨＤＣの組織・財務構造のあるべき姿から組み立てることが重要なのである。

- 法人の設立後三年以上を経過している
- 総資産（相続税評価額）のうち株式および出資の額（同上）の割合が五〇％未満である
- 総資産額（帳簿価額）が一五億円以上である
- 社員数が三五名以上である

本章において、ＨＤＣの成り立ちには「株式移転」と「会社分割」があると述べた。平たくいえば、前者はＨＤＣを〝上〟につくる手法であり、後者は事業会社を〝下〟につくる方法である。このうち「株式移転」によるＨＤＣは新規設立であり、立ち上げ時点では保有資産が子会社株式しかないことから右の要件は満たしにくいであろう。一方、「会社分割」による場合はＨＤＣそのものは新設法人でなく、また一定の固定資産などを残しておくことからこれらの要件を充足しやすいといえる。こういった判断基準も、ＨＤＣ設立プロセスにおいて参考になるであろう。

本書で一貫して述べているのは、「ホールディング経営モデルは、企業が持続的に、際限なく成長するための体制である」ということである。そしてその成長に、社員と関係のないところでブレーキがかかるようなことがあってはならないと筆者は思う。特に事業会社の社長は税務のことに気を取られることなく、企業価値の最大化に向かって走ってほしい。

オーナー経営者は、そのための体制づくりを経営レベルで考えなければならないのである。

（注）本項における税務に関する記述は、ホールディング経営モデルにおける一般的な見解であるため、すべての企業に適用されるものではありません。個別の判断は顧問税理士にご相談ください。

5 社員とともに、社会のために
――「社員還元」と「社会貢献」の資本戦略

❖社員承継モデルとMEBO経営

「オーナー家の暴走を防ぐ仕組みを考えてくれないか」

筆者にそんなリクエストを出したのは、本章の冒頭でも登場したA社長である。この話には続きがあるのだ。A社長は七〇歳を超え、次世代グループ組織としてホールディング経営体制をつくったことはすでに述べた。実はこの社長、いわゆるファミリービジネスにはまったくこだわっておらず、今後は優秀な社員が経営を継承して事業を存続してくれればよい、と思っている。だがその一方で、自身の子女や甥など経営に携わっているファミリーメンバーもおり、その資本構成をどうするか悩んでいたのだ。

Aグループの議決権はオーナー家が過半数を持ち、残りは役員や社員が個人名義で保有するという構成だった。役員や社員の株については、それぞれ「役員持ち株会」「社員持ち株会」で集約し、これ以上の分散を防ぐという構想があった。問題は、議決権比率をどうバランスさせるかである。A社長は熟慮した末、事業承継後のオーナー家の独断専行を防止する目的も含め、

「三権分立の状態にしたい」という結論を出した。具体的にはオーナー家が四割強、役員持ち株会が三割弱、社員持ち株会も三割弱という〝三つ巴のバランス〟をつくることとなる。こうすると、役員人事などの普通決議は二つ以上のグループの合意があれば意思決定できるが、グループの存続に関わる特別決議事項はオーナー家を含めた二グループ以上でないと決められない。A社長はそれまで筆頭株主であったが、オーナー家の議決権割合を減らすために自らの株式を役員持ち株会に譲渡した。結果的に、A社長の自社株対策はそれで完結している。潔い決断であったといえる。

今後、Aグループは社員からの内部登用による社長と役員がオーナー家に見守られながら経営していくことになる。

◇

事業承継が多様化するなかで、社員からの内部昇格により事業を任せるケースが増加していることは第1章で述べている。だが、Aグループのように、オーナー家が単独過半数の議決権を自ら放棄してまで社員（同社の場合は持ち株会）に承継するケースは少ないだろう。外部の第三者がこのようなスキームを見たら、将来の意思決定構造の崩壊リスクを懸念し、A社長に対して強くブレーキをかけるようなアドバイスをするかもしれない。しかしA社長の意志は、「ファミリーにこだわらず、優秀な経営者に事業を継承すること」であり、ファミリーはその最低限の土台を守るという立場にしたのだ。オーナー経営者がそういう強い意志を持つならば、それは絶対である。そしてAグループの後継者が行うべきは、その意志を受け継いで、懸念されるリスクをヘッジする対策を全力で講じることでしかない。もしそのA社長の決断を否定する者がいたら、その者は理念と合わないという理由で、グループを去るべきなのだろう。

そんなAグループよりもさらに急進的な〝社員承継モデル〟がある。東京・西早稲田に本社を構える日本レーザーが実現した〝MEBOモデル〟がそれである。同社は役員持ち株会と社員持ち株会を中心に「社員が全員出資する経営」を実践しているのだ。

◇

レーザー機器の輸入商社である日本レーザーは、もともと上場企業である日本電子の一〇〇%子会社であった。その上場子会社が二〇〇七年にMEBO（経営陣と従業員による企業買収）を実行し親会社から独立したのだ。その後、二〇一一年に「『日本でいちばん大切にしたい会社』大賞」の中小企業庁長官賞に輝き、翌二〇一二年には、「勇気ある経営大賞」の大賞を受賞している。現在では会長に退いた近藤宣之氏は、一九九四年代表取締役に就任後、一三年でMEBOに踏み切った。その背景には親会社からの規制の厳しさに加え、どんなに優秀であっても生え抜き社員が社長になれないという構造上の問題があった。

もともと親会社から出向してきた近藤社長（当時）は、持ち株会が出資して設立した日本レーザーホールディングス（JLCHD）に金融機関からの融資を取り付け、親会社が保有する日本レーザー株式を買い取って独立を果たした。親会社から事業を継承するスキームはMEBO以外にも多数存在する。だが、例えば、M&Aでは親会社が変わるだけであり、IPO（株式公開）も金銭的なメリット感が強く、理念に照らすと好ましくはなかった。MEBOにしてもファンドを入れるケースが多く、その場合は中期的にバイアウト（売却）されてしまう可能性が高い。経営として安定しないし、そもそも社員の士気が上がらないのだ。模索の末、近藤社長がたどり着いたのは、金融機関からの融資による〝ファイナンス型MEBO〟だったのである。

「ファンドを入れないMEBOは、全国初のモデルだと思う」と近藤会長は誇らしげに話す。ほかに例がない理由は、借り入れをすることで負担が生じる「個人保証」である。妻にも内緒でサインしたというが、当時の近藤社長にとっては苦渋の決断であったろう。その後、無借金にしないと後継者のなり手がいないということから、財務体質の改善に取り組んだ。現在では有利子負債は残っているものの、それを上回るキャッシュポジションで実質無借金の体質となり、個人保証も外れている。

現在、ＪＬＣＨＤの株主構成は、役員持ち株会の五三・一％を筆頭に、社員持ち株会が三二％、旧親会社である日本電子は一四・九％となっている。当初ＪＬＣＨＤを立ち上げる際に持ち株会への出資を社員に募ったところ、出資枠の四倍の応募があったという。

「ＭＥＢＯをしたから社員のモチベーションが高まったのではなく、モチベーションが高かったからＭＥＢＯができたのだ」と近藤会長は語る。同社にとってＭＥＢＯは目的ではなく、社員の夢と志を実現する手段であったということだ。今では正社員にとどまらず、パート・アルバイトに至るまで出資をしており、文字通り「全員参加経営」が実現している。また、同社は社員間で事業承継していくことを前提としており、次の次まで社長が決まっているそうだ。ＭＥＢＯの成功条件は、卓越した資本政策の技術などではなく、夢と志を実現する社員のリーダーシップとモチベーションにあるのだ。この理念もまた、世代が変わっても受け継がれていかなければならないだろう。

❖社会に還元するソーシャル・スパイラルアップ・モデル

本章の後半ではホールディング経営における資本モデルについて述べてきたが、最後に、資本モデルにおける将来の可能性についても触れておきたい。

第3章では成長戦略のベクトルは「社会性」に向いており、今、企業の「社会価値」が問わ

図表18 ソーシャル・スパイラルアップ・モデル

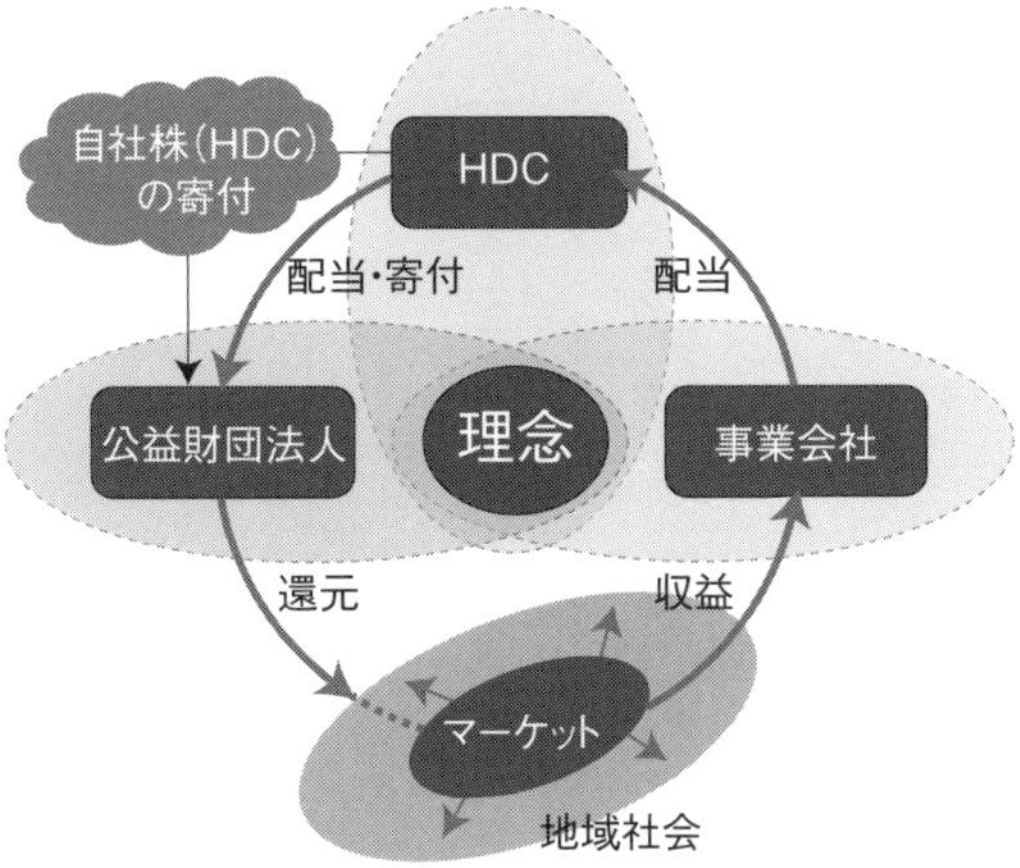

れていることについて触れた。企業の戦略は「顧客志向」から「マーケット志向」、そして「社会志向」へと進化してきたが、それは企業がその視点を高めながらビジネスチャンスを拡大してきた歴史であったといえるだろう。そして今、企業の社会性はCSR（企業の社会的責任）にとどまらず、CSV（共通価値の創造）戦略が必要として提唱されるに至っている。つまり、間接的な社会貢献をするだけでなく、社会事業として直接的に取り組むべきであるということだ。事業拡大と社会貢献のベクトルを一致させることで、「成長」と「存続」を両立するのである。

経営理念に社会貢献をうたう企業は多いが、これを単なる名目に終わらせず、ソーシャルビジネスとして具体的かつ能動的に活動していくのだ。

資本モデルも、その進化形のベクトルを「社会価値の実現」で一致させることができる。具体的には、ソーシャルビジネスを展開する主体として、公益財団法人や認定ＮＰＯ法人を立ち上げるのである。オーナー経営者はその公益財団法人などに対しソーシャルビジネスの財源となる自社株を寄付し、企業からはグループの事業活動を通じて得た収益の一部を配当として提供する。また寄付金によって、それを補完してもよい。配当や寄付金で得られた公益財団法人などの運営費は〝企業価値の社会還元〟を意味するものとなろう。そして、公益財団法人などが展開するソーシャルビジネスはその企業の社会価値を高め、あるいは社会性という視点から新たなマーケットの発見に資するものとなり得る。企業はそうやって新たなビジネスチャンスを得ることでさらに収益性を高め、またそこからの社会還元によりソーシャルビジネスそのものも拡大していく。こういった好循環の形を筆者は「ソーシャル・スパイラルアップ・モデル」と呼んでいる（図表18）。事業承継における一つの理想形になり得るだろう。

第6章
今、見直される ファミリービジネス

1 企業固有のポラリス（北極星）に向かう

本書は、「事業承継におけるホールディング経営とは何か」を解き明かそうとするものである。そしてその目的は「企業を長期的に存続させること」にある。

この目的については、冒頭の「はじめに」で示した通りだが、ここでいう「長期的」とは、具体的にどのくらいの目線であろうか。

第1章においては、現在日本に存在する企業の九割以上が第二次世界大戦後の設立であるという事実を示した。そのなかでも特に、戦後まもなく創業した企業は創業六〇～七〇年を経過しており、今、第二世代から第三世代への事業承継がピーク期に達しようとしている。本書は「ホールディング経営モデル」を題材に、その第三世代の経営者がどのような経営を展開すべきかについて書き進めてきているが、そのマイルストーンとなる目標は「一〇〇年経営」であるだろう。マイルストーンとは、道標であってゴールではない。経営とは「終わりなきリレー」であると例えられるが、継続企業体を目指すなかでも、次のバトンタッチ点として一〇〇年を見据えるのである。

日本には創業一〇〇年超の長寿企業が三万三〇六九社ある（二〇一七年現在、東京商工リサーチ調べ）。これは全世界の過半数を占めているとされ、その意味で日本は屈指の「長寿企業大国」となっている。一方、その一〇〇年企業の九割が「ファミリービジネス」であるといわれている。逆の見方をすれば、**ファミリービジネスが長寿企業の必要条件**になっているともいえるだろう。そしてファミリービジネスは全企業の九六・九％、総雇用数の七七％を占めており（特定非営利法人ファミリー・ビジネス・ネットワーク・ジャパン調べ）、まさに日本経済の主役となっているのである。本書で掲載した事例企業もそのほとんどがファミリービジネスである。最終章である本章では、そんなファミリービジネスに焦点を当てることで、長期的な存続に向けた事業承継のあり方についてさらに考察を深めていきたい。

では、「ファミリービジネス」とは一体何であろうか。

その国際的な定義は、「創業者ならびにその親族の影響下にある企業」であるとされている。一般社団法人一〇〇年経営研究機構の代表理事を務め、日本経済大学の特任教授でもある後藤俊夫氏は、それをさらに具体的に**「創業者ならびに親族の複数名が経営者もしくは所有者として影響力を持つ企業」**と定義づけている。後藤氏は、日本におけるファミリービジネス研究の第一人者である。一方で同氏は、ファミリービジネスは長期的には衰退すると警鐘を鳴らす。ファミリービジネスは長寿企業の必要条件でありながら、世代交代を繰り返すごとに創業家の影響が〝無力化〟と〝希薄化〟により衰退の脅威にさらされていくというのである。〝無力化〟とは創業家が経営から離れていくことを指し、〝希薄化〟とは所有が薄まっていくことをいう。後藤氏は、このうち〝希薄化〟の脅威について特に言及している。いわく、「所有は絶対に手放してはならない」と強く主張するのである。いったん希薄化した所有が、そののち増えたという事例はない。その事実が物語っているのだ。創業家には〝家業を継続する意思〟が求められる。そして、ファミリービジネスが成功するためには、家族間での価値観の共有・維持が重要である。所有と経営が分離する場合は、家族と経営陣の共有も欠かせないだろう。創業世代では価値観が共有できていても、世代交代を繰り返すたびに縁が薄くなり、利害が対立し始めたりする。所有が希薄化するということは、つまり、創業家の理念が伝承されていかないことを意味する。最近、経済紙を賑わせている出光興産と昭和シェル石油の経営統合が、そのいい事例であるかもしれない。

出光興産の創業者である出光佐三氏は「海賊とよばれた男」であり、終戦後、外資系の石油メジャーからの圧力にも屈せず、独立独歩で現在の事業の礎を築いた。その佐三氏が今も存命であるならば、外資系である昭和シェル石油と経営統合することなどあり得なかっただろう。しかしながら、創業家が保有する議決権割合は二八％と、合併や株式交換への拒否権（議決権の三分の一）を持たず、経営統合は避けられない状況にあった。両社が経営統合すべきだったのかどうかの見解は分かれるところだろう。ただ言えるのは、創業家が所有を手放すということは、創業者の思いがその分希薄化していくということなのである。

ファミリービジネスは日本語に直訳すると「同族企業」となる。この言葉の響きは必ずしもプラスの印象を与えない。特定非営利法人ファミリー・ビジネス・ネットワーク・ジャパン(F.B.N.Japan)の河田淳参事はファミリービジネスについてこう語る。

「ある意味空気のような存在であり、当たり前すぎて、その存在を深く考慮されることが少ない。それでいて何か問題が起きると、非常に面白おかしく取り上げられやすい。要は当たり前のこと、当たり前のものほど取り扱い注意なのである」

河田氏のいう〝空気のような存在〟とは創業者の理念であり、それが〝当たり前〟に伝承され、創業家や経営陣で共有されていないと、ファミリービジネスのマイナス面が露見してくるのである。近年メディアを騒がせた大塚家具におけるコンフリクトは事業に対する戦略の違いがやがて感情の対立に発展し、ついには袂《たもと》を分かつことになってしまったケースであると言える。シンプルにいえば〝高級ブランド〟と〝低価格ブランド〟の対立であったが、両者が同じ理念でより大きな構想を描くことができたならば、それこそ「ホールディング経営モデル」でその矛盾は両立できたかもしれない。プロキシファイト(委任状争奪戦)に勝った大塚久美子社長が大塚家具を引き継ぎ、一方の大塚勝久氏は新たに「匠大塚」を立ち上げるにいたったが、こういった資本の分離はある意味、理念の分離を体現するものである。その意味において両社が将来においても歩み寄ることは考えにくいかもしれない。

一方、ファミリービジネスの強みは何であろうか。

一般には「経営者と株主の利害が一致するため決断が早い」ことと「経営者の現役時代が長く、長期視点で経営できる」の二点が挙げられる。つまり、ファミリービジネスとして存続することを決めた企業は、この強みを生かすべく経営していけばよいのである。

ファミリー・ビジネス・ネットワーク・ジャパンの上位組織で世界最大の非営利団体の国際組織である、ファミリー・ビジネス・ネットワーク（F.B.N）が現在研究しているテーマに「ポラリス（北極星）」という考え方があるという。ファミリービジネスを続けていくなかで、利益を得ることを第一目的とするのではなく、**自分たちの固有の目的＝ポラリス**に向かうことが大切だというものである。夜空に光る北極星を目指しながら段階的にステージアップしていくイメージである。

「企業が未来へ続いていくためには、同じことばかりを繰り返すのではなく、イノベーションが必要だ。そしてイノベーションは、社会にとって必要な方向性で起こさなければならない。継続できる事業をどう構築していくかがポラリスという概念である」、河田氏はそう説明する。

ファミリー・ビジネス・ネットワークの創設は、もともと高度資本主義の大量生産・大量消費へのアンチテーゼから始まったといわれる。対前年比や対ライバルなど相対的な次元のものではなく、社会や地域にとって絶対的に有益なものを提供する。そういう判断はファミリービジネスでないとできないし、実はその次元にこそビッグビジネスチャンスが潜んでいるというのである。

ファミリービジネスの価値判断基準は、次の二点に大きく集約できよう。これは長寿企業に共通して見られる成功条件であるともいえる。それはすなわち、

- **〝絶対性〟を継承する**
- **世代ごとに〝イノベーション〟を繰り返す**

ということである。

それらはどういったものであろうか。次項以降で掘り下げていきたい。

2 〝絶対性〟を継承する

経営は〝不易流行〟であるという。不易流行については第2章でも述べたが、それは〝絶対と相対〟という言葉で置き換えることも可能であろう。では、経営における〝絶対性〟とはどのようなものであろうか。次のエピソードは、それを示唆するものである。

◇

ある中堅企業オーナーの会長が、約半世紀にわたる務めを終えて退任した。齢九〇である。実質的な創業者として会社の成長を牽引してきた会長も、ここ数年はめっきり憔悴し体調も崩したため、満を持しての退任となったのだ。

現在経営の陣頭指揮を執っているのは、現場叩き上げの生え抜き（非オーナー）社長である。十数年前に社長の座を会長から受け継ぎ、会社を力強く引っ張ってきた。この社長は体も声も大きく、創業経営者といわんばかりの風格である。その父親も兄弟もみな経営者であり〝生まれながらの経営者家系〟と聞く。事実、この社長は毎期増収増益の経営を続け、慢性的な赤字部門を黒字化し、同社を経常利益率一〇％の体質に鍛え上げたのだ。

その社長もまもなく八〇歳を迎え、次世代へのバトンタッチが必要な段階になった。しかしながらオーナーの会長には子息がおらず、同社は今後社員から社長を輩出するしかない。この社長は自身が就任して以来ずっと後継者の選任に頭を悩ませていたと言っても過言ではなく、事実、その候補者は二転三転し、なかなか腹落ちする結論を出すことができなかったのである。

そんな社長が漏らした一言が筆者の胸に刺さっている。

「私は会長の後ろ支えがあったから思い切り経営ができた。今後その支えがないなかで経営していく後継者の大変さは、私の比ではない」

生まれながらにして経営者の資質を持ち、現場叩き上げの経験と実績を持つ辣腕社長ですら、創業家というバックボーンがなければ経営はできなかったというのである。ここにファミリービジネスの本質があるように思う。

創業家というのは、会社が存在する理由そのものであり、〝絶対的〟なものであるということだ。それに対し、この社長は〝相対的〟な存在であるといえる。社員のなかで能力が最も秀でていたから社長になったのであり、その打ち手も顧客のニーズに対して最大限の価値を提供する、前年比増収増益で会社を成長させる、赤字の部門があれば黒字にする、など何をするにもそれは相対的に判断する次元なのだ。〝相対的な存在〟は、〝絶対的な存在〟がなければその価値を発揮することができないのである。

今後、同社は、その絶対的な存在を〝創業者の理念〟という言葉に残し、それを歴代社長が受け継ぎながら経営を展開していかなくてはならないだろう。

そして、それが長寿企業として存続する絶対条件となるのだ。

❖理念がないと決断できない

経営における〝不易〟の代表格は「経営理念」であろう。これは企業の存在理由そのものであり、これを時流に合わせて安易に変えることはできない。家でいえば大黒柱に相当するものであり、切ると倒れてしまうのである。

一方、事業承継は、経営理念を見つめ直す好機といえる。経営理念はいわゆる〝平時〟には振り返ることが少ない。毎日の朝礼や会議などで唱和している会社も見かけるが、そのような企業であっても経営理念の本質的な意味を問うことは少ない。「経営理念ではメシを食えない」。そんなことをいう経営者も多いが、ある意味その通りであろう。

経営理念は〝有事〟にこそ、その存在感を発揮する。例えば、会社の命運を左右する大規模な投資をする場合や、ＩＰＯなど重要な資本戦略の意思決定をする場合、逆に赤字の事業から撤退する場合などが挙げられる。それらの意思決定に際しては、リスクの大きさから役員会で必ず反対意見が出るだろう。それを制してでも決断をしなければならない場合、そこには大義が必要となる。顧客のため、社員のため、地方創生のため……、より高い価値判断基準を拠りどころにするのだ。企業における最も高い価値判断基準が、経営理念なのである。

経営理念は、**「ステークホルダーに対するコミットメント」**である。会社はステークホルダーに支えられて、存続を許されている。そんなステークホルダーに対し義理を欠くことなく、あるいは共通する価値を提供できるかどうか、それが経営者の「決断」の拠りどころとなるだろう。そして最も大事なのは、経営者自身がその経営理念に対して強い共感を抱いていなければならないということである。表面的な共感では、いざというときに拠りどころとすることはできないのだ。

◇

右の中堅企業は、事業承継を機に創業オーナー家が所有していた自社株の多くを社員持ち株会に譲渡した。その持ち株会は議決権でオーナー家を上回る筆頭株主になった。一面的な見方をすれば、それはオーナー個人の相続税対策と映るだろう。確かに、この会長も自社株を持ち株会に譲渡することで資本承継を完結させた。しかしながら、この大きな決断の裏には会長の強い思いがあったのである。

全員参加経営――、社員が自ら出資し自ら経営していくスタイルである。創業家の二代目であるこの会長は、オーナー経営は自らの代までで、次世代からは「社員が主役の経営」にシフトし、オーナー家は最後の拠りどころでよいと考え、右のような資本戦略を選んだのである。

矛盾するようだが、この「全員参加経営」の理念を承継していくためには、強いオーナーシップを必要とする。社員だけの経営というのは、有事の意思決定に対し意見が割れたときに判断能力を失いがちで、最悪の場合空中分解してしまうからだ。そのため、同社ではオーナー家が三四%の議決権比率を留保し、最悪の意思決定に対し拒否権を発動できるようにした。「全員参加経営」を承継していくためには、社員だけの経営では成り立たないのである。

こういうオーナーシップのあり方も、ファミリービジネスの一形態といえるだろう。このスタイルが将来的に吉と出るか、凶と出るか。それは誰にも分からない。しかしながら次世代経営者は、この会長の理念をしっかりと受け継ぎ、それを考え方の軸として最大の成果が出せる経営をしていくべきなのである。

3 世代ごとに〝イノベーション〟を繰り返す

――革新なくして存続なし

相対性、つまり不易流行における〝流行〟の価値判断基準は、「時流に合わせて革新する」ということであろう。創業から一〇〇年以上続くいわゆる〝長寿企業〟は、ほぼ例外なく時代の変化に合わせてイノベーションを起こしているといってよい。一〇〇年の歴史のなかには、大きな震災がいくつもあり、また第二次世界大戦があり、オイルショックがあり、バブル経済の崩壊があった。このほかにもいわゆる〝経営環境における脅威〟は数多く存在した。創業一〇〇年を超える長寿企業は、これらの脅威に対しイノベーションという変化で乗り越えてきている。そのイノベーションがなければ、それらの企業が現在まで存続したかどうかは分からない。

実際に創業時の〝祖業〟を細々と続けて現在に至っている長寿企業のほうがマイノリティーであるといえよう。イノベーションとは偶発的に起こるものではなく、企業が存続するため段階の節目において〝必然的〟に起こしているものなのである。

タナベコンサルティングが企業に対し、独自に行ったアンケートの調査結果がある（**図表19**）。その一つに、企業の業績傾向が「増収増益」「増収減益」「減収増益」「減収減益」のいずれに当

図表19　アンケート結果

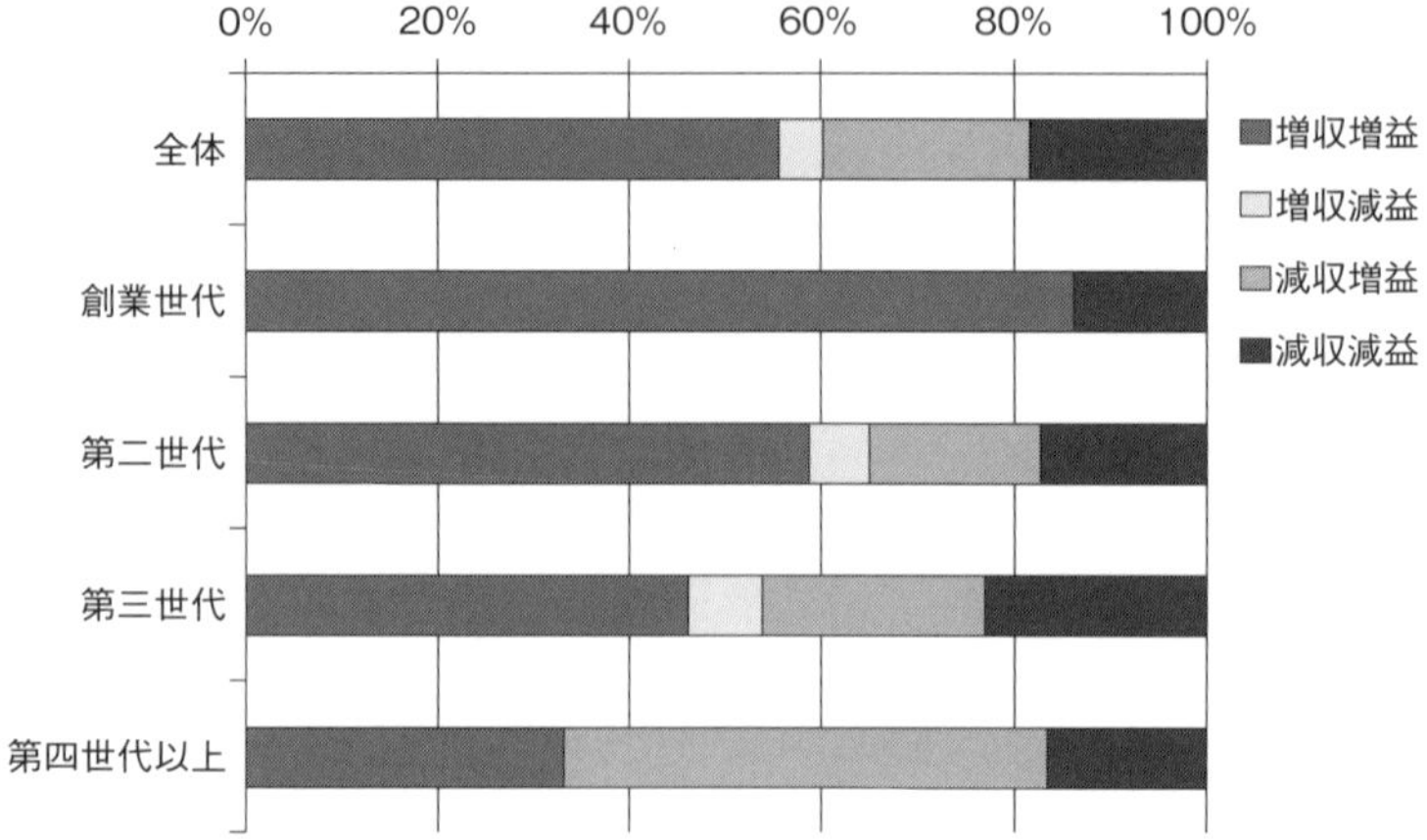

出典：タナベコンサルティング（2016年）

てはまるかという設問がある。設問自体はいたってベーシックでかつシンプルなものであるが、これを経営者の世代別にクロス集計したところ、筆者の仮説と違わない結果が出てきた。

その結果は、「企業は世代交代を繰り返すたびに、その成長性が鈍化する」という傾向を浮き彫りにしたのである。

具体的にいえば、創業世代は積極的かつ断続的な投資をすることで、その多くが「増収増益」の経営を展開している。しかしながら二代目、三代目へとバトンタッチを繰り返すごとに「増収増益」企業の割合は減少し、「減収増益」の傾向が強まっていくのである。創業世代は会社を成長させるための先行投資、つまりお金を惜しみなく使うことに積極的であるが、二代目以降はそんな経営を諫《いさ》めるがごとく、マネジメントを重視して利益を出すことに重きを置く傾向があるのだ。それがデータ上でも裏打ちされているといえよう。もっとも、この傾向は必然的な流れであるといえる。二代目以降の経営者の役目としては、しっかりと経営資源をマネジメントすることでぜい肉を削ぎ落し、企業を筋肉質のカラダにしていかなければならないのである。

しかしながら、それは「減収でもよい」ということを意味するものではない。二代目以降の経営者に訊くと、「売上げよりも限界利益や粗利益を重要視している」という人が多い。彼ら／彼女らは、成長というものの概念について「売上高を伸ばすことではなく、利益を伸ばすことであること」と認識している。売上高は、利益を稼ぐための手段にすぎないのである。このような考え方はもちろん正しく、とても重要なものであるため、筆者もそれについてはまったく否定しない。ただいえるのは、その発想だけでは「改善レベルの効果しか出せないのではないか」ということである。それは〝イノベーション〟とはほど遠いものであろう。

売上高とは、〝顧客価値の創造〟である。損益計算書を眺めても分かるように、それは顧客から得た収入であり、その価値を顧客が受け入れたことの表れであるのだ。そしてイノベーションとは、〝新たな〟顧客価値の創造である。その結果は、顧客価値としての売上高と付加価値としての限界利益の両方が飛躍的に伸びることで認識できる。売上高とは利益を得るための手段などではなく、企業は売上げも利益も同時に追いかけていかなければならないのだ。言い換えれば、売上げと利益は矛盾の関係にあるのではなく、イノベーションという高い次元の目的のもとに、両立させるべきものなのである。

第1章でも述べた通り、企業には成長か衰退かの二つの選択肢しかない。長期的に存続していくためには持続的に成長していなければならないことはいうまでもない。そしてその要諦は、世代交代のたびに〝新しい価値を生み出して進化すること〟であるのだ。その教訓は長寿企業の事例が教えてくれるのである。

◇

モトックス（本社：大阪府東大阪市）は創業一〇〇年を超え、売上高も一〇〇億円の大台に達したワイン輸入商社である。同社は輸入ワインのマーケットにおいて、大手のメルシャンやサントリーを含め業界第六位の販売数量を誇り、またある業界誌の調査ではワインにおける「信頼性輸入元ナンバーワン」に選ばれるなど、確固たるポジションを確立している。

そんな同社には、素晴らしい経営の価値判断基準がある。それは、〝1st Vintage（ファースト・ビンテージ）〟という短い言葉で表現されている。ワイン業界ではよく使われているというこの言葉。そのなかには、長寿企業の本質に迫る二つの意味が込められているのである。

一つ目は「一から始める」という意味。一九一五（大正四）年に創業した同社は、当時「元なしや」という名称だった。文字通り、〝元手なし〟で起業した同社は一九三〇（昭和五）年に酒販店に転業の後、顧客の恩と縁を大切に〝誠心誠意〟正直な商売をしてきた。その精神は今でも受け継がれている。また三代目社長である寺西太一氏（現・代表取締役会長）の代で始めたワインの輸入販売事業は、当時のワインブームに乗って急成長し、現在の業容の大半を占めるに至っている。ワイン造りにおいては一年として同じ年はなく、毎年が一からのスタートであり挑戦であるという。過去の伝統に縛られず「一から始める」精神が大切であるといえるのだ。

二つ目は、「長期熟成」という意味。ワインは長い年月寝かせるごとに味わいを増していく。同社も創業一〇〇年を迎えたが、一年として同じ年はなく、段階的な進化を続けてきたという。それは歴代の経営者がリードし、モチベーションの高い社員が支えてきた結果である。同社は老舗企業だが、その組織風土に古臭さは感じられない。同社が全国各地で主催する試飲会は、年間で延べ一万人以上の顧客が来場するというが、その切り盛りはすべて同社の社員が行っている。そして、その現場で働く彼ら・彼女らの表情は若々しく、かついきいきとしているのだ。創業の精神が経営理念として進化し、社員の一人一人にまで浸透している表れといえるだろう。

◇

〝創業と守成〟という言葉があるが、ここでいう〝守成〟とは、創業の事業を守るという消極的な意味に制限されてはいけないだろう。事実、段階的な進化を繰り返しながら成長していかないと守ることすらできないのだ。その意味において、二つの概念は矛盾しないのかもしれない。

革新なくして存続なし。祖業を守るだけでは〝絶対性〟を守ることすらできない。モトックスの経営は、事業承継における段階的な進化の大切さを教えてくれるである。

4 創業者の理念を媒介するもの――資本とグループガバナンス

すべてのオーナー経営は、ファミリービジネスを選択すべきか。そこに一通りの答えはない。ただ、企業の目的は存続することにあり、長期的に経営を継続していくためには、ファミリービジネスが望ましいという説は有力であろう。ファミリービジネスとして存続するというのは、所有と経営、またはどちらか一方を、創業家が代々継承していくことを意味する。その対極にあるのは、M&Aで企業そのものをバイアウトすることである。MBO（マネジメントバイアウト）で親族外の役員や幹部に所有と経営を継承したり、IPOにより不特定多数の出資者を市場から募り経営者を外部招へいすることも、ノンファミリービジネスの向きであるといえる。

ファミリービジネスか、ノンファミリービジネスか。その選択を求められるのは、事業承継期である。今、事業承継がピークに達していることは繰り返し述べている通りだ。そのなかで後継者不足であることが問題視されているが、そのような企業がファミリービジネスで承継していくのか否かの究極の選択を迫られているといえるのである。いずれを選択する場合でも、ファミリービジネスとは何かについて、深く洞察し、一定の価値判断基準を得ておく必要があるだろう。

「長年、経営のあり方について勉強してきたが、株は親族で継いでいくことに決めた」

第1章でも登場した中堅ハウスビルダーの創業社長が、その資本政策についての結論を示す。この社長には子息がいるが、まだ大学生である。事業経営は、生え抜きの幹部に承継するという。複数のブランドを展開する同社は、それぞれのブランド単位で会社を分割し、現幹部をそれぞれ社長として任せ、グループで地域シェアナンバーワンに成長させるというビジョンを掲げる。また各事業会社の上にはホールディングカンパニー（ＨＤＣ）をつくり、創業家がその株主として所有を継承していく。この創業社長は、今から二十数年前に大手ハウスメーカーから独立して起業した経歴を持つ。この業界ではそうやって独立する経営者は多い。同社の事業承継においても、事業会社の後継社長には株を譲渡して独立させるという選択肢もあった。

だが、社長の結論は違った。

「そうしないとバラバラになる」

資本は、経営者の理念を媒介する。創業者の理念は変わらないものとして一枚岩で継承していかないと、企業はやがてその存在価値を失ってしまうだろう。

この社長には独立に際して、お金を稼ぐこと以外にも特別な思いがあった。その創業の原点は「一生懸命お金を貯めて家を建てたい人のための家を建てること」にある。自ら貧しい幼少期を過ごしたという、その原体験が、創業の理念に反映されたのである。この理念は一生涯ブレることはないだろう。そしてそれは、同社のブランドコンセプトにも色濃く反映されている。顧客と真摯に向き合い、家を建てた後も一対一で付き合うのだという。同社はアフターメンテナンスでの業界ナンバーワンを目指しているのだ。そのような理念は社員を通じて顧客にも伝播する。同社がわずか二十数年で年商五〇億円以上の企業に成長できたのも、それが原動力になったのであろう。そして、この社長は「その理念を承継し、長期的に存続する」ことを選択したのである。

「所有は絶対に手放してはならない」

そう強く主張したのは、前出の後藤氏である。いったん手放した資本は二度と戻ってこないのだ。資本は創業者の理念を運ぶバトンのようなものであり、それを手放してしまうことは、理念が継承されないということを意味するのである。

しかしながら、創業家の資本が分散しても、その理念が今でも息づいている偉大な会社がある。グローバルカンパニーであり、最大のファミリービジネスともいえる「トヨタ自動車」がそれである。現在トヨタ自動車の第一一代経営者を務めるのは、創業家四世代目の豊田章男社長である。そのトヨタ自動車の株主構成を見ると、創業家の資本はわずか一％にも満たない。しかしながら、創業者である故豊田佐吉氏の理念は、有名な「豊田綱領」という形で明文化され、トヨタグループ各社に受け継がれて、全グループ社員の行動指針としての役割を果たしているという。

その「豊田綱領」の全文を次に紹介する。

一、上下一致、至誠業務に服し、産業報国の実を挙ぐべし
一、研究と創造に心を致し、常に時流に先んずべし
一、華美を戒め、質実剛健たるべし
一、温情友愛の精神を発揮し、家庭的美風を作興すべし
一、神仏を尊崇し、報恩感謝の生活を為すべし

「豊田綱領」は、佐吉氏の生きざまや考え方を、第二世代の後継者である豊田利三郎氏、豊田喜一郎氏らが中心となって整理し明文化したものであるといわれている。それは佐吉氏の五回目の命日にあたる一九三五（昭和一〇）年一〇月三〇日に発表された。それから八〇年以上経った今でも全社員の行動指針となっているという現実は、世界の自動車メーカーになったという全社員の誇りと、その礎をつくった創業者に対するリスペクトがなせる業であるだろう。

一方、前述の中堅ハウスビルダーでは、その創業社長の思いを実現すべく「地域シェアナンバーワン」のビジョンを実現するプロジェクトを結成して、中期経営計画を策定し始めた。創業社長の理念は「豊田綱領」のごとくあらためて明文化され、それをプロジェクトミーティングの冒頭でメンバーが唱和する。最初は新鮮さと戸惑いが交錯しながらの唱和であったが、後継経営者たちはあらためて明文化された理念を読むことで、社長の思いに共感することができただろう。そのうちに一部のメンバーから「こういう表現は適切でないのでは」とか「これは不易でなく、流行なのでもっと抽象化すべき」などの声も飛び交う。メンバーの〝腹〟のなかに理念が落ちようとしている瞬間といえる。

もちろん、最初からベストなものはない。トヨタ自動車のように、次は、後継経営者メンバーが納得できる表現で明文化し直せばよいのである。それが、創業者理念が語り継がれていく第一歩となるのだ。

そうやって明文化された理念は、今後同社のグループガバナンスの原型をなすものとなるであろう。後継経営者はもちろん、資本を引き継ぐファミリーとも共有して、将来にわたり承継していかなければならないことはいうまでもない。

5 ファミリービジネスとノンファミリービジネスを融合する

一〇〇〇年以上の歴史を持つ古都・京都には長寿企業が多い。一方で、任天堂や京セラなど世界に名だたるグローバルカンパニーの本社が多いことも京都の魅力といえるだろう。そんな伝統と革新が共存する京都市の中心部、烏丸御池に〝世界一企業〟、吉忠はある。グループ名を「ROMAN吉忠グループ」という。

現在ではホールディングカンパニー（HDC）となった吉忠の創業は、一八七五（明治八）年にさかのぼる。創業一四〇年を超える老舗企業だ。その祖業は呉服問屋であった。三代目社長の吉田忠氏は終戦後、時代の流れが〝和から洋〟へと変化したことをいち早く察知すると、「きもの」から「洋装」へ、その事業戦略を一八〇度転換した。そして「婦人服事業」を大きく躍進させたのである。また、それと時を同じくして一九四六（昭和二一）年には島津製作所よりマネキン事業の販売権および製作権を取得、同事業へも進出を果たす。一九五〇（昭和二五）

年には、吉忠の子会社としての吉忠マネキンが誕生している。
「停滞は、後退である」という忠氏の信念から、〝新しいコト〟への挑戦が始まったのがこのころである。そして、それまで服地のみを販売していた百貨店には、マネキン人形をはじめ、陳列器具、ウインドーディスプレイなどを幅広く提供する。顧客ニーズの変化に合わせ、挑戦するステージも大きく変わっていくのである。

現在は、四代目社長の吉田忠嗣氏が経営を受け継いでいる。ホールディング経営体制が完成したのも忠嗣氏が経営に関与した後のことである。同氏は、オイルショック後に業績が低迷すると「バス一台経営」という発想でディビジョン制（集中的分社経営）を考案する。具体的には営業会社を子会社化し、それぞれの会社に営業に関することはすべて任せ、今でいうＨＤＣとなった吉忠が財務・人事などの間接業務に徹した。吉忠の傘下には最大で一五社の事業会社が連なったという。

また、忠嗣氏は「どのような分野でもよいので世界一を目指そう」とグループ社員を鼓舞する。そして一九九二（平成四）年にはマネキン人形で当時世界のトップメーカーだったアデル社（英）を友好的に買収し、マネキン事業での世界一企業に躍り出たのである。

現在のＲＯＭＡＮ吉忠グループは「空間プロデュース」「テキスタイル」「アパレル」の三事業ドメインを事業会社六社で展開している（図表20）。グループ年商は一四八億円、従業員数は

図表20　ROMAN吉忠グループ関係図

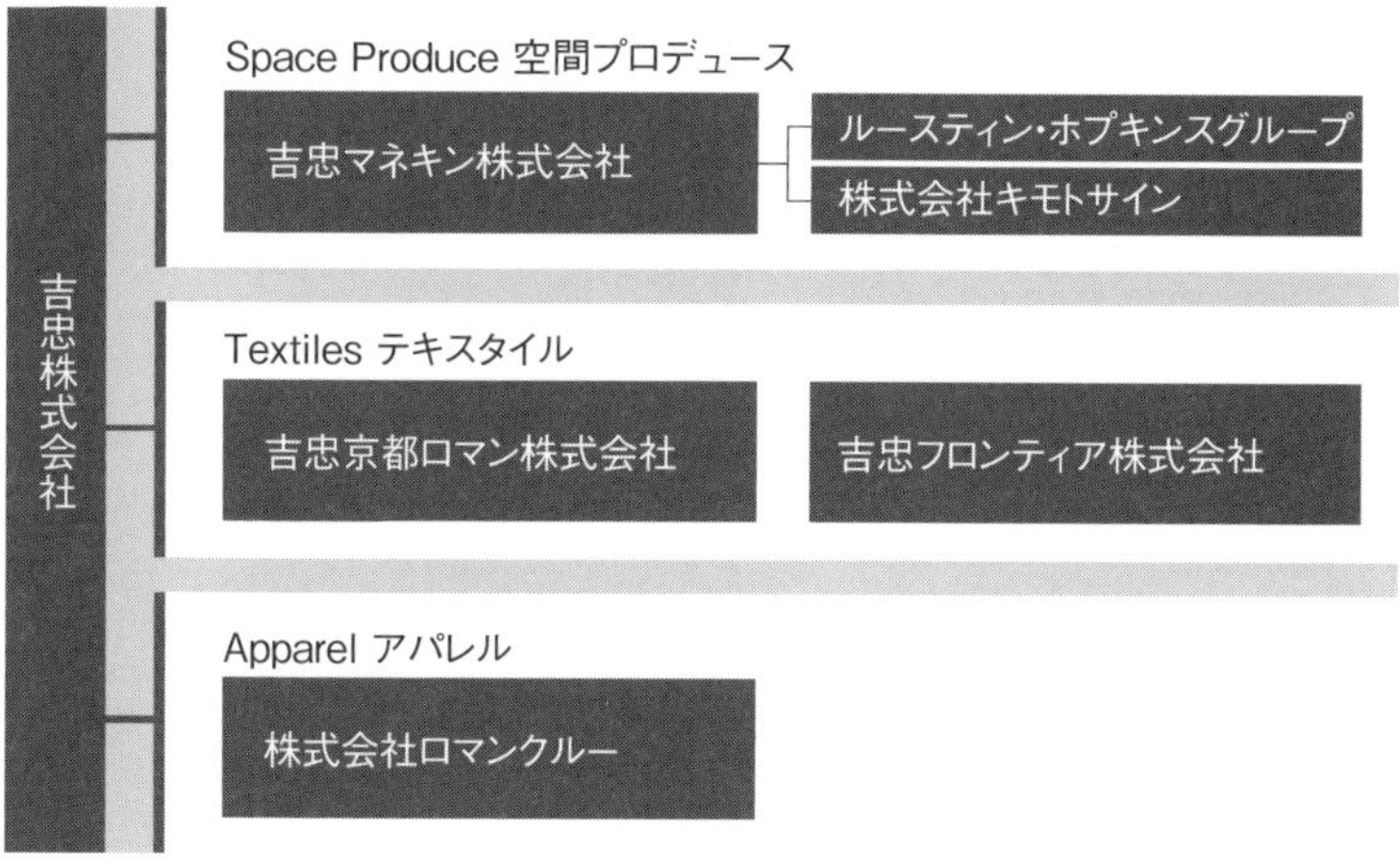

出典：ROMAN吉忠グループホームページ

二六一名（ともに二〇一七年三月現在）の規模に成長したのだ。

忠嗣社長は「非同族的な考え方のなかに、同族的な経営感覚を取り入れることが重要」と、その持論を語る。そのため、グループ内には〝同族関係者は一人しか入れない〟ことが暗黙の了解となっている。いわゆる〝一子相伝〟の経営スタイルである。このため兄弟をはじめほかの親族は経営に参画させないようにしているのだ。創業以来一四〇年の歴史を振り返ってみても、兄弟はたとえ優秀でも会社に入れず、また同業で起業もさせず、ほかの同族企業に養子に出したりしてきたというのである。

「そうしないと社員にチャンスが与えられない」、忠嗣社長はそう力説する。実際、社長は創業家から出しているものの、ナンバー2以下は必ず社員から登用するようにしているのだ。非同族的な経営を実践するために、社員である二番手の育成には特に力を注いでいるのである。そうすることで、結果として派閥の芽を未然に摘むことができるのだという。もちろん同族の社長教育も怠らない。その社長候補者には、学生時代から帝王学を学ばせている。そういった一連の考え方は、ホールディング経営体制になってからより際立ってきたのだという。

また吉忠は、その資本構成においても非同族経営の要素が色濃く反映されている。

同社は老舗の非上場企業でありながら、その株主数は一七九名（二〇一八年一月二〇日現在）にのぼる。株式会社化したのは一九一七（大正六）年と早かったが、その当時から創業家のシェアは低く、役員や社員、得意先や仕入れ先などに広がっていたという。現在までに役員や社員の保有株式は「持ち株会」として集約し、現在の筆頭株主は「役員持ち株会」となっている。創業家である吉田家のシェアは二割程度であり、厳密な意味ではオーナーシップ経営ではないといえるかもしれない。

このような株主構成について忠嗣社長は「社員に株を持たせることで、経営に関心を持たせモチベーションアップにつながっている」と話す。決算は、株式会社化した当初から常にガラス張りであった。もちろん株主への決算報告は怠らない。その根底には〝株主はファミリーである〟という考え方があるからだ。そして将来の資本戦略についてもＲＯＭＡＮ吉忠グループは大企業化や、ＩＰＯ（株式公開）などは一切考えていないという。

「中堅企業の一流を目指す」

それが忠嗣社長のポリシーであるのだ。世界一という大胆なビジョンを実現した一方で、その経営姿勢は至って謙虚である。忠嗣社長の発言や振る舞いからも、まったく〝驕り〟は感じられない。それは創業以来、代々受け継がれている経営理念によるものかもしれない。その理念とは、

「協力和同を念とす（団体精神）」
「誠意努力を重んず（向上発展）」
「質素恭倹を旨とす（自己節制）」

という三つの言葉からなっており、いかにも質実剛健なのである。

「会社が存続する条件は不易流行・温故知新である」

最後に忠嗣社長はそう結論づける。その言葉は至ってシンプルである。ＲＯＭＡＮ吉忠グループは、古き伝統を守るだけでなく、常に新しいものへ挑戦しながら、時代に即した新しい伝統をつくりあげてきた。会社存続の条件は、時代が変わっても不変のもの、変化しなければな

らないものの見極めである。

同社の魅力は〝伝統と革新〟という、その絶妙なバランスのなかにあるのかもしれない。

◇

ファミリービジネスの定義は、「創業者ならびに親族の複数名が経営者もしくは所有者として影響力を持つ企業」であり、それからすれば最後の事例として紹介したROMAN吉忠グループも、まぎれもなくファミリービジネスに当てはまる。そしてその成功条件として示した「〝絶対性〟を継承すること」「世代ごとに〝イノベーション〟を繰り返すこと」についても、二つとも十分に満たしており、その意味でもファミリービジネスのモデルといえるだろう。

その上で同社は、社員に経営者登用のチャンスを与えたり、持ち株会が筆頭株主であったりとノンファミリービジネス的な要素を積極的に取り入れている。同社の魅力はファミリービジネスとノンファミリービジネスのエッセンスが融合し、それによって形成される独特の風土が醸し出しているともいえるだろう。

そして、その両方を包含し、また伝統と革新を両立するホールディング経営モデルも、ROMAN吉忠グループの企業風土にしっかりとマッチしているのである。

おわりに

経営者の思いの数だけドラマがある

人間とは、パラドックスの体現であり、矛盾の塊である

オーギュスト・コント（一七九八～一八五七／仏／社会学者）

本書は「事業承継におけるホールディング経営」のあり方について、さまざまな角度から理論と事例を交えて書きつづってきたが、そのなかでは、常に〝矛盾をどうマネジメントするか〟という命題と葛藤してきたような感覚がある。

それほど、「事業承継というものが複雑怪奇なテーマである」ということを示唆しているのだろう。

例えば、「はじめに」で示した〝メリット・デメリット〟というのも矛盾する概念である。事業承継における最大のジレンマと表現した〝企業成長と株価上昇〟も、「あっちを立てればこっちが立たない」という対立構造である意味において、矛盾する概念といえよう。あるいは、ホールディング経営を設計する段階で、そのコンセプトを「経営者としての自律」と謳いながらも、その事業経営者にはホールディングカンパニー（HDC）による強い内部統制をかけ、B／S責任は負わせないなどの制約条件をつけたりするが、そのことについても経営者から矛盾を指摘され、深い議論に発展することもある。

また、ある経営者からはこんなことを言われたりもした。

「あなたはなぜ、第三者承継のトレンドを示しながら、ファミリービジネスを論じるのか？」

世の中のトレンドは親族外承継に向いており、社員に資本を承継するというスキームが増えている。その向きは筆者も共感しているが、一方で、長期的存続のためにはファミリービジネスが有効ということを主張したりもする。本書を読みながら、そこに矛盾を感じた読者も多いのではないかと拝察する。

そういう視点において、本書は「矛盾だらけである」と言われても仕方ないだろう。

だが、そんなとき筆者はこういう言い方をする。

「だからこそ事業承継は奥深く、面白いのだ」と。

矛盾の世界というのは、言い換えれば〝答えのない世界〟である。これを安易に割り切って答えを出そうとすると、その対極にあるものが壊れ、全体としてのバランスを失ってしまう。右において筆者に矛盾を指摘した経営者も、そのことについては十分に理解している。だから逆に何をどうすればよいのか判断しきれず、筆者に問いかけているのだ。そのとき筆者は経営者との対話を通じて、ともに解を導こうとするのである。

では、我々は矛盾に対し、どうやって解を導けばよいのだろうか。それは矛盾をヨコに並べて見るのではなく、タテにつなげて見ることである。

矛盾というのはそれを表面的な対立構造として捉えるから矛盾するのであり、〝文脈〟として掘り下げ、つなげることで一定の方向づけをすることができる。例えば「はじめに」でも示したように、メリット・デメリットという矛盾は、メリットを目的として「腹決め」し、デメリットを「その目的を達成するためのプロセス」と捉える。その瞬間、メリット・デメリットのどっちを取るかという議論ではなく、メリットを得るために、デメリットをいかに克服するかという文脈になるのだ。

そうやってタテにつなげた文脈は、一つのショートストーリーになる。さらにさまざまなショートストーリーをつなげることで、事業承継という一つの大きなストーリーが完成するのである。そうやって出来上がった事業承継ストーリーは各社固有の物語となり、だからこそ「面白い」といえるのである。

本書の事例にも登場したある二代目社長は、かつてこんなことを言っていた。「私は、本当は小説家になりたかったのだ」と。

この話をはじめて聞いたとき、筆者はこの社長が不本意ながら後継者になったことを気の毒にさえ思った。しかし、この社長は自らの代で会社を飛躍的に成長させ、今ではホールディング経営体制でさらなる発展の体制を築いている。また、その過程では複数の生え抜き社長を育て上げ、彼らに経営を任せて自らは数年後に退こうとしている。その取り組みは長期にわたり、プロセスにおいて紆余曲折はあったものの、社長が最初に「ホールディングにしたい」と言ったときから、その思いにいささかのブレも生じていない。

今ではその社長が「小説家になりたかった」という夢があったことが、筆者のなかでも腑に落ちている。この社長は壮大なストーリーテラーであり、また、それ以上にそのストーリーを現実のものにした名経営者なのである。

壮大な事業承継ストーリーをつくるにあたっては二つの「大きな器」が必要であると筆者は思う。それは「経営者としての器」と「組織体制としての器」である。

「経営者としての器」とは、壮大なストーリーを構想し、そこで数々の矛盾を紡ぎながら企業を持続的成長に導く力であるだろう。それは、ポラリス（北極星）とも呼べる大きなゴールを掲げ、そこに向かって次世代以降も会社を進化させていくための決断力と実行力なのである。

一方、「組織体制としての器」がホールディング経営モデルである。それはポラリスに向けて際限なく成長できる〝**建て増し可能な戦略モデル**〟であり、そのなかで社員が〝**経営者として成長できる組織体制**〟であるのだ。「会社はトップの器以上に大きくならない」というが、どんな企業であっても、次世代以降のトップもそして会社も、ともに成長していってほしいと思う。

本書では数々の事例を紹介した。その数は二六社に及ぶ。多くの事例を挙げたその理由は、すべての会社に固有のストーリーがあるからであり、それをできる限り紹介したかったからである。そういったストーリーでしか伝えきれないものがあるのだ。

事業承継には、経営者の思いの数だけドラマがある。そしてホールディング経営モデルは、いわばそのドラマを演じるステージである。そのステージの上では今も、またこれからも、数々の矛盾という葛藤が繰り広げられていくだろう。そこには「つづく」はあっても「完」という文字はない。経営というのは「終わりのないドラマ」であるからだ。ハッピーエンドがあるとすれば、それは事業承継において最高の形でバトンタッチをすることであるだろう。

我々事業承継コンサルタントは、そんな経営者が思い描くストーリーに敬意を表し、心から共感したい。そして、それを最高の脚本に仕立て上げ、最高のキャスティングを準備し、最高の演出をするのである。

そんなプロデューサーでありたい。

いつもそう心がけている。

◇

本書で取り上げた事例のほとんどは、タナベコンサルティングのチームメンバーが実際にコンサルティングを提供している企業をモデルにさせていただいております。その意味で、本書はクライアント企業の普段からのご理解・ご協力なくしては成り立ちません。今回事例の掲載に当たりご協力くださったクライアント企業、ならびに、快く取材に応じてくださった各社の経営者・経営幹部・社員の皆さまに、この場を借りて御礼申し上げます。

また、出版にご尽力くださったダイヤモンド社の花岡則夫編集長、前田早章副編集長、小出康成氏、編集にご協力いただいたクロスロード安藤柾樹氏、装丁をご担当いただいた斉藤よしのぶ氏、社内においては、本書発刊のきっかけをいただいたタナベコンサルティングの若松孝彦社長、長尾吉邦副社長、ともに現場で奮闘するコンサルティングチームメンバー諸氏、編集を担当したパブリッシングの吉永亮課長、宮澤千尋さんをはじめ本当に多くの方々のご支援・ご協力をいただきました。そして、普段から多忙で一緒に過ごす時間が少ないなか、心身ともに支えてくれている家族もかけがえのない協力者です。最後にこの場をお借りして、皆さまに心から感謝の意を表したく思います。誠にありがとうございました。

中須 悟

［著者］
中須 悟（なかす・さとる）
タナベコンサルティング執行役員
「経営者をリードする」ことをモットーに、経営環境が構造転換するなか、中堅・中小企業の収益構造や組織体制を全社最適の見地から戦略的に改革するコンサルティングに実績がある。著書に「オーナー経営者のためのホールディング経営」（タナベ経営刊）がある。CFP®認定者。

［編者］
タナベコンサルティング ホールディング経営コンサルティングチーム
コンサルティングファーム・タナベコンサルティングの全国主要都市10拠点における、ホールディング経営専門のコンサルティングチーム。ファーストコールカンパニーを目指す事業主の事業戦略から組織戦略、経営システム構築、人材育成まで幅広く手がけ、多くの実績を上げている。

ファーストコールカンパニーシリーズ
ホールディング経営はなぜ事業承継の最強メソッドなのか

2018年9月26日　第1刷発行
2024年3月5日　第4刷発行

著　者——中須 悟
編　者——タナベコンサルティング ホールディング経営コンサルティングチーム
発行所——ダイヤモンド社
〒150-8409　東京都渋谷区神宮前6-12-17
https://www.diamond.co.jp/
電話／03·5778·7235（編集）　03·5778·7240（販売）
装丁————斉藤よしのぶ
編集協力——安藤柾樹（クロスロード）
製作進行——ダイヤモンド・グラフィック社
DTP ———インタラクティブ
印刷————八光印刷（本文）・新藤慶昌堂（カバー）
製本————本間製本
編集担当——小出康成

ISBN 978-4-478-10598-6